GUIDE DE VOYAGE À SINGAPOUR 2024

Explorez les aventures culinaires, la culture et les attractions historiques à Singapour

Nancy R. Lee

TOUS DROITS RÉSERVÉS.

Aucune partie de cette publication ne peut être reproduite, distribuée ou transmise sous quelque forme ou par quelque moyen que ce soit, y compris la photocopie, l'enregistrement ou d'autres méthodes électroniques ou mécaniques, sans l'autorisation écrite préalable de l'éditeur, sauf dans le cas de brèves citations intégrées dans des critiques et certaines autres utilisations non commerciales autorisées par la loi sur le droit d'auteur.

Copyright © Nancy R. Lee, 2024

TABLE DES MATIÈRES

APERÇU

Salutations de Singapour

Un aperçu de la culture et de l'histoire de Singapour

Les 10 principales raisons de visiter Singapour

1. ORGANISER VOTRE ITINÉRAIRE À SINGAPOUR

1.1 Quand y aller

1.2 Articles de voyage indispensables à Singapour :

1.3 Problèmes monétaires et financiers à Singapour

1.4 Voyager à Singapour (transport)

1.5 Naviguer à Singapour pour des visiteurs diversifiés

2. HÉBERGEMENT

2.1 Types d'hébergement

2.2 Meilleurs hôtels de luxe

2.3 Meilleurs hôtels de charme

2.4 Meilleur hôtel low-cost

3. ALIMENTS ET BOISSONS

3.1 Aliments et boissons locaux de Singapour

3.2 Les meilleurs restaurants de Singapour pour :
    3.2.1 Vacanciers luxueux :
    3.2.2 Voyageurs à petit budget :
    3.2.3 Voyageur individuel :
    3.2.4 Voyager en famille :
3.3 Bonnes manières de manger

4. UN COUP D'OEIL SUR SINGAPOUR
4.1. Attraits culturels :
4.2 Une visite des sites historiques de Singapour
4.3 À la découverte du meilleur site touristique de Singapour
4.4 Monuments naturels de Singapour :

5. SHOPPING À SINGAPOUR
5.1 Souvenirs et artisanat régional
5.2 Les plus grands quartiers commerçants de Singapour pour différents types d'acheteurs

6. OCCASIONS ET CÉLÉBRATIONS
6.1 Festivals singapouriens
6.2 Conseils culturels singapouriens

7. LES ITINÉRAIRES IDÉAUX
7.1 Un itinéraire de sept jours

7.2 Escapade de week-end

7.3 Une expérience hors des sentiers battus

8. EXCURSIONS ET EXCURSIONS D'UNE JOURNÉE
8.1 Île de Sentosa

8.2 Pulau Ubin

8.3 Johor Bahru - Singapour

8.4 Île de Batam - Indonésie

8.5 Circuit à Bangkok - Thaïlande

8.6 Legoland en Malaisie

9. VIE NOCTURNE ET DIVERTISSEMENT
9.1- Discothèques et bars à cocktails de Singapour pour :

    9.1.1 Vacanciers luxueux

    9.1.2 Voyageurs avec un budget serré

    9.1.3 Concernant le Visiteur Individuel

    9.1.4 Chercheurs d'aventure

    9.1.5 Pour les familles en vacances

9.2 Activités basées sur l'aventure

10. CONSEILS PRATIQUES
10.1 Communication : accès Internet et cartes SIM
10.2 Télécharger les cartes hors ligne de Singapour

APERÇU

Salutations de Singapour

Singapour, parfois surnommée la « Ville du Lion », est une ville animée qui allie habilement modernité et tradition, offrant aux touristes une mosaïque passionnante d'expériences, de gastronomie et de culture. Les voyageurs du monde entier affluent vers cette cité-État insulaire dynamique, nichée à l'extrême sud de la péninsule malaise. C'est un mélange de nombreuses cultures, langues et races.

Une ligne d'horizon ornée de gratte-ciel éblouissants, d'une végétation luxuriante et de monuments renommés comme le Marina Bay Sands et le Singapore Flyer vous accueillera dès votre arrivée à Singapour. L'aéroport de Changi de classe mondiale et le système de transport en commun performant de la ville facilitent les déplacements et permettent aux visiteurs de découvrir les nombreuses attractions de la ville.

Explorez les quartiers animés de Singapour, chacun avec un charme et une personnalité qui lui sont propres. Singapour est une surcharge sensorielle pour les sens, depuis les ruelles animées de Chinatown, où le parfum de la cuisine de rue grésillante emplit l'air, jusqu'aux boutiques animées de Little India, où les sons de la musique Bollywood et le parfum des épices vous transportent dans un autre monde. monde.

Explorez les quartiers historiques de Singapour, comme le Civic District avec ses bâtiments de l'époque coloniale et Kampong Glam avec ses charmantes boutiques et cafés, pour avoir un avant-goût du riche passé et de l'héritage culturel de la cité-État. Découvrez les musées et galeries de premier ordre de la ville, qui présentent de tout, des œuvres d'art modernes aux antiquités en passant par l'histoire fascinante de la transformation de Singapour d'un village de pêcheurs endormi en un acteur majeur de l'économie mondiale.

Savourez le large éventail de plats que Singapour a à offrir, de la haute cuisine des chefs étoilés Michelin aux délicieux plats de colporteur servis dans les centres alimentaires animés. Savourez les saveurs bien connues de la cuisine singapourienne, notamment le laksa, le crabe au chili et le riz au poulet hainanais, et explorez la scène culinaire animée qui rend hommage au passé diversifié de la ville.

Singapour invite les voyageurs à explorer les attractions de cette enclave cosmopolite d'Asie du Sud-Est avec son mélange de culture, de cuisine et d'expériences.

Un aperçu de la culture et de l'histoire de Singapour

Reflétant des siècles de migration, de commerce et de colonisation, l'histoire et la culture de Singapour sont aussi riches et variées que sa population. Le parcours de Singapour, depuis ses débuts modestes en tant que hameau de pêcheurs jusqu'à son développement en tant que puissance économique mondiale, est fait de ténacité, d'ingéniosité et de multiculturalisme.

L'histoire de Singapour commence au XIVe siècle, lorsqu'on l'appelait Temasek, un avant-poste commercial de l'empire Srivijaya. Le développement de Singapour en tant que ville portuaire importante dans la région a été rendu possible par Sir Stamford Raffles, un officier de la Compagnie britannique des Indes orientales, qui a fondé la ville comme base commerciale britannique au début du XIXe siècle.

Grâce à l'immigration que Singapour a attirée au fil des années en provenance de Chine, d'Inde, de Malaisie et d'autres pays, la cité-État est devenue dynamique et diversifiée, avec une tapisserie complexe de cultures, de langues et de traditions. La cité-État s'est développée rapidement, devenant un centre cosmopolite d'industrie et de commerce grâce à sa position avantageuse et à ses solides réseaux commerciaux.

Après s'être séparée de la Malaisie en 1965, Singapour est devenue un pays indépendant malgré les obstacles tels que la Seconde Guerre mondiale et l'occupation japonaise. Singapour a entamé une voie d'édification de la nation et de développement économique sous la direction visionnaire du Premier ministre Lee Kuan Yew, en se concentrant sur les infrastructures, la diversification économique et l'éducation.

Aujourd'hui, avec son économie en plein essor, ses infrastructures de premier ordre et son excellent niveau de vie, Singapour est un exemple remarquable de modernité alliée à la diversité. Le patrimoine varié de Singapour se reflète dans son paysage culturel, où des zones comme Little India, Chinatown et Kampong Glam perpétuent les coutumes et les traditions des populations immigrées de la cité-État.

Le Nouvel An chinois, Deepavali, Hari Raya Puasa et Noël ne sont que quelques-uns des festivals et jours fériés qui mettent en valeur le passé ethnique de Singapour dans le calendrier culturel. Des gens de tous horizons se réunissent pour ces célébrations colorées pour se réjouir, partager de la nourriture et promouvoir le respect et la compréhension les uns des autres.

Singapour est réputée pour son dévouement à la durabilité et à l'innovation, ainsi que pour sa diversité d'origines ethniques. Pour offrir à ses citoyens et visiteurs un environnement urbain intelligent, durable et résilient, la cité-État a adopté la technologie et les projets verts.

Forte d'un riche héritage historique et culturel, Singapour est une ville résiliente et en constante évolution qui valorise la diversité.

Les 10 principales raisons de visiter Singapour

Singapour, parfois connue sous le nom de « Ville du Lion », est une ville animée aux multiples facettes qui a quelque chose à offrir à tous les types de touristes. Singapour fascine les touristes par sa fusion singulière de tradition et de contemporain, de ses monuments reconnaissables et attractions de premier ordre à son riche héritage culturel et sa cuisine délicieuse. Les dix principales raisons de voyager à Singapour sont les suivantes :

1. Explorez le Marina Bay Sands contemporain, le grand Singapore Flyer et les magnifiques jardins de la baie, qui abritent le superbe Supertree Grove et la Cloud Forest. Ce ne sont là que quelques-uns des monuments célèbres de Singapour.

2. Riche héritage culturel : Visitez des quartiers comme Chinatown, Little India et Kampong Glam pour découvrir pleinement l'héritage multiculturel de Singapour. Ici, vous trouverez des marchés animés, des temples vénérables et des boutiques attrayantes.

3. Délices culinaires : Offrez à votre palais la grande variété de cuisine que Singapour a à offrir, de la délicieuse cuisine de colporteur servie dans des centres alimentaires très fréquentés aux repas sophistiqués dans des restaurants étoilés Michelin.

4. **Paradis du shopping : Orchard Road, le meilleur quartier commerçant de Singapour, abrite des marques de créateurs, des grands magasins et des boutiques haut de gamme. Shopping jusqu'à épuisement.

5. Attractions familiales : Emmenez votre famille dans des excursions passionnantes dans des endroits comme le zoo de Singapour, Universal Studios Singapore et S.E.A. Aquarium, où vous pourrez côtoyer de près une variété d'animaux.

6. **Espaces verts: Éloignez-vous de l'agitation de la ville et détendez-vous dans les espaces verts de Singapour, tels que Gardens by the Bay, les jardins botaniques de Singapour, classés au patrimoine mondial de l'UNESCO, et les Southern Ridges de Singapour, qui offrent de magnifiques sentiers pédestres et une vue imprenable sur les toits de la ville.

**7. Festivals culturels : ** Plongez-vous dans les coutumes locales, les spectacles et la cuisine délicieuse lors de festivals comme le Nouvel An chinois, Deepavali et Hari Raya Puasa. Ces événements offrent l'occasion d'être témoins de la scène culturelle dynamique de Singapour.

8. Explorez les alternatives passionnantes de Singapour en matière de vie nocturne et de divertissement, allant des clubs de jazz et des pubs sur les toits aux salles de concert et aux marchés nocturnes animés.

9. Événements de classe mondiale : Assistez aux festivals et événements de classe mondiale que Singapour accueille tout au long de l'année, tels que le Festival international du film de Singapour, la Singapore Art Week et le Grand Prix de Singapour.

**dix. Profitez de la tranquillité d'esprit pendant votre visite à Singapour, réputée pour sa propreté, sa sécurité et son système de transports en commun efficace qui facilite les déplacements dans la ville et la découverte de ses sites touristiques.

Les voyageurs de tous intérêts et de tous goûts peuvent vivre une expérience incroyablement remarquable à Singapour avec son mélange unique de culture, de cuisine et de sites touristiques.

1. ORGANISER VOTRE ITINÉRAIRE À SINGAPOUR

1.1 Quand y aller

N'importe quelle période de l'année est une bonne période pour visiter Singapour en raison de son environnement tropical et de sa chaleur constante. Vous pouvez cependant organiser votre voyage de manière idéale dans cette cité-état dynamique en étant conscient des événements saisonniers et des conditions météorologiques.

-**Aperçu météo:** Singapour bénéficie d'un climat tropical chaud et étouffant toute l'année avec des niveaux d'humidité élevés et des températures constantes. La cité-État connaît peu de variations saisonnières de température car elle se trouve à seulement un degré au nord de l'équateur. Chaud et agréable toute l'année, les températures maximales quotidiennes varient généralement de 25°C à 31°C (77°F à 88°F).

- **Saisons de mousson :** Singapour connaît deux saisons de mousson différentes : la mousson du sud-ouest, qui dure de juin à septembre, et la mousson du nord-est, qui s'étend de décembre à mars. La cité-État connaît une augmentation des précipitations pendant ces périodes, ainsi que des orages sporadiques et des averses intenses. Il faut s'attendre à de la pluie, mais elle arrive généralement par à-coups et ne perturbe pas les préparatifs de voyage.

- **Haute saison touristique :** Les mois secs de janvier à août, lorsque les températures sont comparativement plus fraîches et plus confortables, constituent les périodes de pointe pour voyager à Singapour. Il y a une augmentation du nombre de touristes à cette période de l'année, en particulier pour les célébrations et événements importants comme le Grand Prix de Singapour, le Nouvel An chinois et la Semaine de l'art. Pendant cette saison, il est préférable de réserver l'hébergement et les attractions longtemps à l'avance, car les coûts pourraient être plus élevés et les attractions populaires pourraient être bondées.

- **Saisons intermédiaires :** Avec un agréable mélange de climat agréable et de moins de touristes, les mois de septembre à novembre et d'avril à mai sont considérés comme les saisons intermédiaires de Singapour. Ces mois sont le moment idéal si vous souhaitez une atmosphère plus calme, car vous pouvez vous attendre à moins de visiteurs, à des coûts d'hébergement inférieurs et à un temps plus clément.

-**Hors saison :** Pendant la saison inter-moussons, novembre et décembre sont normalement les mois les plus humides à Singapour. Les précipitations peuvent survenir plus fréquemment pendant cette période, mais elles offrent également l'occasion de profiter de la flore éclatante et de la végétation luxuriante de Singapour. C'est le moment idéal pour les touristes ayant un budget serré ou recherchant une ambiance plus décontractée car il y a moins de monde et les prix des hébergements sont moins chers.

- **Événements spéciaux et festivals:** Pensez à planifier votre voyage pour qu'il coïncide avec les occasions spéciales et les festivals de Singapour, tels que les célébrations Deepavali de Little India, le Singapore Food Festival en juillet ou la rivière Hongbao autour du Nouvel An chinois. Ces rassemblements mettent en valeur les riches traditions et l'héritage de Singapour tout en offrant des expériences culturelles exceptionnelles.

Singapour accueille les visiteurs à bras ouverts, leur promettant une expérience mémorable et agréable, quel que soit le moment où vous choisissez de vous y rendre. Que vous aimiez visiter pendant la haute saison touristique pour des événements et des festivals passionnants ou que vous choisissiez les saisons intermédiaires plus calmes pour voyager plus tranquillement, Singapour vous accueille à bras ouverts.

1.2 Articles de voyage indispensables à Singapour :

Pour garantir une expérience de voyage fluide et agréable, vous devez être bien informé et prêt avant de partir pour votre voyage à Singapour. Lorsque vous organisez votre voyage dans la Cité du Lion, gardez à l'esprit les éléments essentiels suivants :

1. **Documents de voyage :** Assurez-vous que votre passeport est à jour et qu'il reste au moins six mois après la date d'entrée à Singapour. Vous devrez peut-être également demander à l'avance un visa ou une autorisation d'entrée, en fonction de votre pays d'origine. Pour éviter tout casse-tête de dernière minute, vérifiez les critères d'entrée pour Singapour longtemps à l'avance.

2. **Santé et sécurité :** Les normes rigoureuses de Singapour en matière d'hygiène et de sécurité sont bien connues. L'eau potable du robinet est disponible et la cité-État dispose de services médicaux de premier ordre.

Cependant, avoir une assurance voyage est toujours une bonne idée au cas où vous auriez des frais médicaux imprévus ou des urgences pendant votre voyage.

3. **Devise :** Le Le dollar de Singapour (SGD) est la monnaie officielle de Singapour. Bien que de nombreux hôtels, restaurants et établissements de vente au détail acceptent les cartes de crédit, c'est une bonne idée d'avoir de l'argent supplémentaire en main pour tout achat ou transaction mineur dans les centres de vente au détail ou sur les marchés locaux. Dans toute la ville, les banques, les bureaux de change et les distributeurs automatiques offrent des moyens pratiques de convertir de l'argent.

4. **Climat et vêtements :** Singapour connaît un temps chaud et humide toute l'année en raison de son climat tropical. Pour rester au frais en été, apportez des vêtements légers et aérés comme des jupes, des shorts et des chemises en coton. N'oubliez pas de porter un chapeau, des lunettes de soleil et de la crème solaire pour vous protéger des rayons du soleil. Bien que la plupart des régions autorisent les vêtements décontractés,

lorsque vous visitez des établissements formels ou des lieux de culte, habillez-vous modestement.

5. **Transport :** L'infrastructure de transport en commun bien développée de Singapour rend les déplacements à travers la cité-État faciles et efficaces. Les bus publics et le système de transport en commun rapide (MRT) facilitent l'accès aux principaux quartiers et attractions de la ville. Pour des trajets illimités en transports en commun tout au long de votre visite, pensez à vous procurer une carte EZ-Link ou un Singapore Tourist Pass.

6. **Singapour utilise des prises électriques de type G,** qui ont une tension standard de 230 V et une fréquence de 50 Hz. Apportez un adaptateur de voyage si le type de prise de vos appareils est différent pour vous assurer qu'ils fonctionnent avec les prises de courant singapouriennes.

7. **Coutumes et étiquette locales :** Pour garantir une rencontre courtoise et agréable, familiarisez-vous

avec les coutumes et l'étiquette locales de Singapour. Par exemple, il est traditionnel d'enlever ses chaussures lorsqu'on visite la maison de quelqu'un ou un lieu de culte, et dans les environnements conservateurs, il est généralement mal vu de faire des démonstrations publiques d'affection.

Vous serez prêt à tirer le meilleur parti de votre voyage à Singapour et à vivre des expériences précieuses dans cette cité-État énergique et dynamique si vous gardez à l'esprit ces conseils de voyage importants.

1.3 Problèmes monétaires et financiers à Singapour

Pour garantir des vacances simples et sans tracas à Singapour, il est nécessaire de comprendre les questions monétaires et financières. Il s'agit d'un guide complet sur la gestion des paiements, de la budgétisation et du change dans la Cité du Lion :

1. La monnaie officielle de Singapour est le dollar de Singapour (SGD), qui peut être raccourci en « S$ » ou simplement « SGD ». Il est disponible en billets de plusieurs valeurs, telles que 2 $ S, 5 $ S, 10 $ S, 50 $ S et 100 $ S, ainsi qu'en pièces de monnaie d'une valeur nominale de 1, 5, 10, 20 et 50 cents. Les voyageurs trouveront facile de faire des affaires dans la cité-État car le dollar de Singapour y est largement reconnu.

2. **Échange de devises :** Les principales destinations touristiques, centres commerciaux et centres de transit comme l'aéroport de Changi disposent tous d'un grand nombre de banques, de kiosques de change et de bureaux de change agréés. Les services de change sont facilement accessibles à Singapour. Il est sage d'examiner les taux avant de finaliser une transaction, même si les banques proposent généralement des taux de change compétitifs. Les changeurs de monnaie, en revanche, peuvent imposer des frais et des commissions différents. De plus, évitez les échanges d'argent dans les pièges à touristes ou les hôtels, car ils pourraient offrir des taux de change moins favorables.

3. **Retraits d'espèces et distributeurs automatiques :** Les principales cartes de crédit et de débit internationales, notamment Visa, MasterCard, American Express et UnionPay, sont acceptées dans les nombreux distributeurs automatiques de Singapour. La majorité des distributeurs automatiques acceptent les retraits d'espèces en dollars de Singapour, tandis que certains peuvent également vous permettre de retirer de l'argent dans votre devise locale. Il est conseillé de vérifier auprès de votre banque d'origine avant de voyager à Singapour, car elle peut imposer des frais supplémentaires pour les retraits à l'étranger.

4. **Cartes de crédit et méthodes de paiement :** Visa et MasterCard sont les cartes de crédit et de débit les plus généralement acceptées à Singapour. Les cartes sont un moyen simple de payer lorsque vous voyagez, car vous pouvez les utiliser dans les restaurants, les magasins, les hôtels et les attractions. Cependant, pour les petits achats, il est généralement judicieux d'avoir de l'argent liquide à portée de main, en particulier dans les

centres de vente ambulante, les marchés locaux et autres endroits où les cartes peuvent ne pas être acceptées.

5. **Budget et pourboires :** Malgré la réputation de Singapour d'avoir un niveau de vie élevé, les coûts d'hébergement, de nourriture et d'attractions peuvent différer considérablement selon les goûts personnels et les contraintes financières. Les pourboires sont rares à Singapour, mais lorsqu'ils surviennent, ils sont généralement donnés sous la forme d'un petit pourboire ou en arrondissant le montant pour un très bon service. La budgétisation de votre voyage doit prendre en compte des éléments tels que les frais d'hébergement, les frais de déplacement, les choix alimentaires et les activités ou excursions parascolaires.

6. **Sûreté et sécurité :** Avec de faibles taux de criminalité et une application stricte de la loi, Singapour est une destination de vacances sûre et sécurisée. Mais lorsque vous visitez la ville, c'est toujours une bonne idée de prendre des mesures de sécurité pour protéger votre argent et vos affaires. Évitez de transporter de

grosses sommes d'argent liquide, utilisez des guichets automatiques sûrs dans des endroits bien éclairés et gardez toujours en lieu sûr vos objets de valeur comme les cartes de crédit, les passeports et les gadgets électroniques.

1.4 Voyager à Singapour (transport)

Située au centre de l'Asie du Sud-Est, Singapour offre aux passagers une gamme d'alternatives de transport pour se rendre à la Cité du Lion et est facilement accessible par voie aérienne, maritime et terrestre. Voici des informations détaillées sur la façon de vous rendre à Singapour, quel que soit votre pays d'origine : pays voisins ou continents lointains.

1. **Par avion :** L'aéroport de Changi (SIN), l'un des aéroports les plus fréquentés et les plus réputés au monde, dessert Singapour. L'aéroport de Changi, situé à environ 20 kilomètres du centre-ville, est une importante plaque tournante de l'aviation internationale avec des vols directs vers plus de 400 destinations dans le monde.

Des vols réguliers sont proposés par des compagnies aériennes telles que Singapore Airlines, Cathay Pacific, Emirates, Qantas et d'autres, reliant la cité-État à des destinations en Asie, en Europe, en Australie et au-delà.

2. **Par mer :** Les compagnies de croisière proposent des itinéraires incluant Singapour comme port d'escale ou point d'embarquement, afin que les voyageurs puissent également rejoindre Singapour par voie maritime. Les principaux terminaux pour les navires de croisière accostant à Singapour sont le Singapore Cruise Centre, situé au Marina Bay Cruise Centre, et le Singapore Cruise Centre à HarbourFront. Les itinéraires de croisière populaires incluent des itinéraires plus longs à partir de destinations en Europe, en Australie et aux États-Unis, ainsi que des voyages en provenance des pays voisins d'Asie du Sud-Est, notamment la Malaisie, la Thaïlande et l'Indonésie.

3. **Par voie terrestre :** Bien qu'elle soit une nation insulaire sans frontières territoriales, Singapour est néanmoins accessible par voie terrestre via deux

chaussées qui la relient à la Malaisie. Singapour et l'État malaisien de Johor Bahru sont reliés par la Chaussée, située au nord, et par Johor et le Second Link, situés à l'ouest. Les services de bus offrent un moyen de transport pratique et rentable pour les personnes traversant la frontière terrestre entre Singapour et d'autres endroits en Malaisie.

4. **Exigences en matière de visa :** Il est important de confirmer les documents nécessaires pour le visa de votre nationalité avant d'organiser votre voyage à Singapour. Avec de nombreux pays, Singapour a conclu des accords d'exemption de visa ou de visa à l'arrivée, qui permettent aux visiteurs d'entrer dans le pays pour de brefs séjours sans visa. Vérifiez les procédures d'immigration bien avant votre voyage, car certaines nationalités peuvent avoir besoin d'un visa ou d'un permis d'entrée pour entrer à Singapour.

Il est possible de garantir un voyage agréable et agréable à Singapour en prenant en compte les différents modes de transport et en prenant les dispositions appropriées.

1.5 Naviguer à Singapour pour des visiteurs diversifiés

Grâce à une infrastructure de transport efficace et bien connectée, Singapour offre un large éventail d'options pour se déplacer dans la ville et répondre aux besoins et aux goûts des différents types de visiteurs. Voici une référence détaillée sur la navigation dans le système de transport de Singapour, qui comprend tout, de l'accès facile aux transports en commun aux options de location privée et aux visites personnalisées :

1. Voyageurs de luxe :

Les visiteurs luxueux de Singapour peuvent profiter de modes de transport de premier ordre qui offrent facilité, luxe et soins attentifs. La location de véhicules privés et les transferts avec chauffeur sont des exemples de services de limousine qui offrent une manière opulente de découvrir la ville avec style. En plus des voitures spacieuses et luxueuses avec des chauffeurs experts qui peuvent fournir des informations sur les sites et attractions de Singapour, les voyageurs peuvent profiter d'un service porte-à-porte. De plus, pour garantir à leurs clients une expérience VIP impeccable tout au long de leur séjour, les hôtels de luxe proposent fréquemment des services de navette gratuits ou une aide de concierge pour organiser les véhicules privés.

2. Voyageurs avec un budget serré :
Le système de transports publics de Singapour, aux prix raisonnables et qui fonctionne bien, permet aux visiteurs de la ville de découvrir ses sites touristiques sans dépasser leur budget. La ville peut être explorée en profondeur à des prix raisonnables en utilisant le système de transport en commun rapide (MRT) et les bus publics, qui fournissent des billets aller simple, des cartes à valeur stockée (telles que la carte EZ-Link) et des permis de voyage illimités pour les visiteurs. Acheter des cartes de billets à prix réduit ou profiter des périodes de voyage hors pointe, lorsque les tarifs sont moins chers, sont deux façons pour les voyageurs d'économiser de l'argent. De plus, le vélo et la marche sont des moyens peu coûteux de découvrir les charmants quartiers du front de mer et les petits centres-villes de Singapour ; Des locations à

court terme de services de partage de vélos sont proposées.

3. Passagers individuels :
Le système de transport de Singapour est facile à utiliser pour les visiteurs individuels en raison de ses précautions de sécurité, de ses panneaux en anglais et de ses interfaces conviviales. Avec des gares et des arrêts idéalement situés à proximité des destinations touristiques populaires, le réseau MRT et les bus publics offrent des options fiables et pratiques pour l'exploration en solo. Pour plus de commodité de porte à porte, les voyageurs solitaires peuvent également utiliser des taxis ou des services de covoiturage comme Grab, en particulier aux heures tardives ou lorsqu'ils se rendent dans des endroits éloignés. Comme alternative, participer à des excursions de groupe ou à des visites guidées à pied est une excellente option pour les voyageurs solitaires qui souhaitent découvrir les principales attractions de Singapour tout en apprenant à connaître des guides experts et en rencontrant des personnes partageant les mêmes idées.

4. Chercheurs d'aventure :

Les visiteurs en quête d'aventure peuvent participer à des aventures de transport uniques qui offrent des sensations fortes et des vues spectaculaires sur le paysage urbain. Les expériences aériennes telles que le téléphérique de Singapour offrent une vue imprenable sur le front de mer et les toits de la ville, offrant aux visiteurs une vue plongeante sur certains des sites les plus célèbres de Singapour. Pour explorer à leur rythme le vaste réseau de parcs, de promenades au bord de l'eau et de sentiers pittoresques de la ville, les visiteurs peuvent également louer des scooters ou des vélos électriques. Les accros à l'adrénaline à la recherche de l'aventure ultime peuvent combiner les loisirs en plein air et les transports avec des activités nautiques comme le kayak ou le stand-up paddle le long du littoral de Singapour.

5. Familles en vacances :

Une expérience amusante et sans stress pour toute la famille est garantie lorsque les vacanciers en famille choisissent parmi une gamme d'alternatives de transport qui répondent aux besoins des adultes et des enfants à

Singapour. Il existe des fonctionnalités adaptées aux enfants dans les transports en commun, telles que des zones familiales désignées, des sièges préférentiels et un accès adapté aux poussettes, y compris le MRT et les bus. Singapour possède de nombreuses attractions touristiques et des lieux facilement accessibles par les transports en commun. Il existe également de nombreuses commodités familiales à proximité, comme des terrains de jeux, des aires de repos et des restaurants. Pour découvrir les sites touristiques de Singapour avec des enfants, les familles peuvent également choisir parmi des visites guidées ou des services de location privés qui répondent à leurs intérêts et préférences. Ces options offrent flexibilité et commodité.

Vous pouvez profiter au maximum de votre séjour dans la Cité du Lion et créer des souvenirs inoubliables en sélectionnant le mode de transport qui correspond le mieux à vos intérêts et à votre style de voyage.

2. HÉBERGEMENT

2.1 Types d'hébergement

Singapour accueille un large éventail de visiteurs et propose une sélection de choix d'hébergement pour tous les goûts et tous les budgets. Avec des hôtels opulents offrant des vues spectaculaires et des auberges abordables débordant de vitalité sociale, cette cité-État dynamique a quelque chose à offrir à tout le monde. Examinons six formes courantes d'hébergement pour vous aider à trouver le lieu de vacances de vos rêves :

1. Hôtels :

Singapour abrite de nombreux hôtels haut de gamme pour les visiteurs à la recherche d'une expérience opulente et pratique. Les hôtels répondent à une variété de préférences, depuis des monuments célèbres comme le Marina Bay Sands avec sa piscine à débordement et ses magnifiques vues sur la ville jusqu'à des marques mondiales proposant des hébergements confortables et réputés. Ceux-ci sont parfaits pour les visiteurs professionnels et familiaux, car ils proposent fréquemment des équipements tels que des restaurants, des centres de remise en forme, des services de spa et des piscines sur place.

2. Hôtels de charme :
Pensez à séjourner dans l'un des hôtels-boutiques pittoresques pour une expérience plus personnalisée. Ces petites maisons ont un caractère particulier et sont souvent abritées dans des structures d'importance historique qui ont été restaurées ou présentent des styles architecturaux distinctifs. Parce qu'ils disposent souvent de moins de chambres, les hôtels-boutiques peuvent offrir une attention plus personnalisée et une atmosphère plus chaleureuse. De plus, ils peuvent se concentrer sur des sujets particuliers ou aborder des intérêts spécialisés, offrant ainsi une expérience distinctive adaptée à vos préférences personnelles.

3. Appartements avec services :
Les appartements avec services sont un excellent choix pour les personnes à la recherche d'un deuxième chez-soi

ou de séjours plus longs. Ces appartements entièrement meublés combinent la commodité des commodités de style hôtelier comme le ménage, la blanchisserie et la sécurité avec le confort d'un appartement. Ils sont donc parfaits pour les voyages de travail prolongés, les familles ou toute personne recherchant un mode de vie plus indépendant.

4. Auberges :

Le secteur animé des auberges de Singapour offre un refuge chaleureux et accueillant aux voyageurs seuls et aux vacanciers soucieux de leur budget. Les auberges sont un endroit formidable pour rencontrer d'autres voyageurs et nouer des amitiés durables puisqu'elles proposent des chambres privées ou des hébergements de type dortoir à des prix raisonnables. Les auberges de jeunesse sont un excellent moyen de prendre le pouls de la ville avec un budget limité, car nombre d'entre elles organisent des événements sociaux et proposent des visites ou d'autres activités.

5. Les B&B, ou chambres d'hôtes, sont :

Pensez à réserver une chambre dans un bed and breakfast pour une expérience plus personnalisée et authentique. Ces espaces intimes, parfois abrités dans des bâtiments historiques pittoresques, offrent une expérience personnalisée et l'occasion de se mêler aux hôtes locaux. Le petit-déjeuner est généralement inclus dans les frais d'hôtel dans les B&B, vous pouvez donc savourer des friandises faites maison ou des spécialités régionales. Ils offrent un substitut distinctif aux hôtels conventionnels ainsi qu'une fenêtre sur la société singapourienne.

6. Hébergement spécialisé :

Singapour propose une variété de choix d'hébergement distinctifs pour les touristes véritablement audacieux. Ces choix insolites, qui vont des boutiques patrimoniales transformées en hébergements de charme aux aventures de glamping au milieu de la végétation luxuriante de l'île de Pulau Ubin, sont conçus pour satisfaire les voyageurs à la recherche d'une expérience unique. Pour pimenter un peu plus votre expérience singapourienne, envisagez de séjourner dans des hébergements insolites comme des cabanes dans les arbres ou des conteneurs maritimes reconvertis.

Rappelez-vous qu'il ne s'agit là que d'une petite partie des diverses options d'hébergement de Singapour. Vous êtes sûr de découvrir l'endroit idéal où vivre tout au long de votre exploration de cette nation insulaire fascinante avec tant de possibilités disponibles.

2.2 Meilleurs hôtels de luxe

Avec sa riche histoire et ses merveilles technologiques, Singapour est une tapisserie vivante qui offre une gamme tout aussi variée d'hôtels de luxe. Chaque emplacement offre un sanctuaire de confort exquis, de service impeccable et d'équipements haut de gamme, s'adressant au visiteur exigeant à la recherche d'une expérience qui va au-delà du simple hébergement. Ici, nous faisons le tour de certains des hôtels de luxe les plus connus de Singapour, révélant leurs caractéristiques et services distinctifs :

1. Capella Singapore : Niché dans le cadre verdoyant de l'île de Sentosa, Capella Singapore incarne le style classique et l'allure coloniale. Son célèbre manoir, une structure coloniale soigneusement rénovée, propose des chambres et des suites superbement meublées, chacune étant un havre de confort sophistiqué. Savourez la tranquillité des vagues turquoise depuis la piscine à débordement ou partez à l'aventure en yacht sur mesure pour découvrir les secrets les mieux gardés de l'île. Les célèbres restaurants de Capella attirent les sens avec des spécialités mondiales et régionales, tandis que leur spa Auriga, un sanctuaire inspiré de la végétation de la forêt tropicale, promet un rafraîchissement.

**2. Situé au centre de Marina Bay, le Ritz-Carlton, Millenia Singapore est un chef-d'œuvre architectural offrant une vue imprenable sur la baie et la ville. Les fenêtres du sol au plafond dans ses pièces opulentes permettent une connexion transparente avec le magnifique paysage urbain. Détendez-vous au spa, qui a remporté de nombreux prix, ou rafraîchissez-vous dans la piscine extérieure tout en admirant la vue sur les toits de la ville. Découvrez les sites voisins comme le célèbre musée ArtScience ou les jardins de la baie avec l'assurance que le service renommé du Ritz-Carlton offrira une expérience fluide et personnalisée lors de votre visite.

**3. Raffles Singapour : ** Véritable icône, Raffles Singapour a été fondée en 1887 et est riche de la grandeur et de l'histoire de l'époque coloniale. Entrez dans ses gracieuses arcades et ses jardins verdoyants pour faire un voyage dans le temps. Profitez d'un Singapore Sling traditionnel au Long Bar, qui est un site historique en soi. Savourez une cuisine délicieuse dans l'un de leurs restaurants réputés, qui sert une variété de plats régionaux et internationaux. Les majordomes renommés du Raffles, réputés pour leurs gants blancs immaculés et leur service attentionné, veillent à ce que chaque visiteur se sente apprécié et bien pris en charge.

4. The Fullerton Bay Hotel : Offrant une vue imprenable sur Marina Bay et les toits de la ville, le Fullerton Bay Hotel est situé au centre du secteur financier. Son bâtiment moderne crée un contraste saisissant avec l'ancienne baie de Fullerton. Détendez-vous dans la piscine à débordement sur le toit avec vue sur la baie ou découvrez les quartiers voisins animés. L'hôtel propose un large éventail d'expériences gastronomiques internationales dans ses nombreux restaurants.

**5. Les trois bâtiments reliés qui composent le célèbre complexe intégré Marina Bay Sands sont une merveille de l'architecture contemporaine. Savourez un luxe inégalé dans des chambres et suites aux dimensions généreuses, dont beaucoup offrent une vue imprenable sur le port ou la ville. Nagez dans la plus grande piscine à débordement sur le toit au monde ou découvrez le vaste espace de divertissement et de vente au détail du complexe. Les casinos de classe mondiale et les restaurants étoilés Michelin ne sont que deux des expériences que Marina Bay Sands a à offrir.

6. The St. Regis Singapore : Situé dans le célèbre quartier commerçant de Singapour, Orchard Road, cet hôtel respire la classe et la sophistication. Avec une vue imprenable sur la ville, ses chambres et suites opulentes sont des havres de luxe et de style. L'hôtel dispose d'un service de majordome réputé qui veille à ce que les demandes de chaque visiteur soient prises en compte et satisfaites. Savourez des plats délicieux dans l'un de leurs restaurants primés ou offrez-vous le thé de l'après-midi dans le somptueux salon du hall. Le St. Regis est une excellente option pour les touristes exigeants car il offre une combinaison spéciale de services individualisés, d'hébergement opulent et d'un superbe emplacement.

Choisir l'hôtel cinq étoiles idéal à Singapour est une question de goûts et de priorités personnels. Quelles que soient vos préférences : une merveille moderne avec des vues inégalées, un monument historique à la beauté intemporelle ou un havre de paix au milieu de l'énergie trépidante de la ville, un hôtel est prêt à dépasser vos attentes et à créer une expérience singapourienne tout à fait remarquable.

2.3 Meilleurs hôtels de charme

Le paysage hôtelier dynamique de Singapour va bien au-delà des somptueux domaines des hôtels cinq étoiles. Il existe d'autres hôtels-boutiques passionnants disséminés dans ses quartiers variés, chacun offrant une fusion particulière de charme, de caractère et de service attentionné. Ces retraites confortables, souvent situées dans des bâtiments d'importance historique qui ont été restaurés ou présentent des conceptions architecturales distinctives, servent les visiteurs à la recherche d'expériences qui vont au-delà de la norme. Ici, nous faisons le tour de six des meilleurs hôtels-boutiques de Singapour pour découvrir leurs caractéristiques et équipements uniques :

**1. Le Scarlet Singapore est un hôtel bien conçu qui combine habilement des éléments modernes et traditionnels. Il est situé dans le centre animé de Chinatown. Situé dans un magasin d'avant-guerre rénové avec goût, l'hôtel dégage un sentiment d'élégance subtile et un caractère régional distinct. Chaque pièce est savamment planifiée, avec une combinaison bien choisie d'éléments modernes et classiques, offrant un refuge chic et confortable.

L'attrait du Scarlet s'étend au-delà de sa beauté pour inclure son accueil chaleureux et son attention personnalisée aux détails. Une équipe qui va au-delà de ses attentes pour offrir un séjour confortable accueille les clients. Savourez de délicieux plats régionaux au Scarlet Café ou détendez-vous au bar sur le toit offrant une vue imprenable sur la ville. Découvrez le quartier animé de Chinatown avec ses marchés animés et ses sites historiques intéressants, sachant que The Scarlet offre un havre de paix confortable où rentrer chez soi.

2. Situé dans le quartier pittoresque de Katong, réputé pour son abondant héritage Peranakan,Hôtel Indigo** Singapour Katong est une célébration de sa propre identité culturelle. Entrez dans une expérience visuellement saisissante et immersive alors que vos sens sont capturés par les éléments de conception lumineux de l'hôtel, influencés par les textiles et l'architecture de

Peranakan. Chaque chambre est conçue de manière unique pour offrir des commodités contemporaines tout en rendant hommage au riche héritage culturel du quartier.

Au-delà du simple design, l'Hôtel Indigo se consacre à offrir aux visiteurs une expérience locale unique. Votre guide touristique des trésors cachés du quartier, notamment les marchés de rue animés et les restaurants traditionnels Peranakan, est le personnel informé. Profitez des cours de cuisine et des séminaires culturels de l'hôtel pour en apprendre davantage sur l'histoire de la région. Pour ceux qui cherchent à s'immerger dans la culture locale, l'Hôtel Indigo Singapore Katong offre une expérience distinctive et enrichissante.

3. Lloyd's Inn : Niché dans un coin paisible derrière la très fréquentée Orchard Road, cet établissement offre un répit paisible au milieu de la métropole animée. Cet hôtel de charme pittoresque est situé dans une boutique patrimoniale qui a été préservée et conserve sa beauté historique tout en offrant des commodités contemporaines et une esthétique minimaliste. Chaque chambre est conçue de manière unique, dégageant une élégance subtile qui en fait un havre de paix.

Un service personnalisé et une atmosphère intime font le charme du Lloyd's Inn. Le personnel serviable sera toujours heureux de vous faire des suggestions et de vous aider à vous déplacer dans la ville. Profitez du petit-déjeuner gratuit offert dans un café voisin ou détendez-vous sur le toit-terrasse offrant une vue imprenable sur la ville et son bassin profond. Pour ceux qui recherchent un point de départ confortable et authentique pour explorer Singapour, Lloyd's Inn offre une expérience distinctive et décontractée.

4. ** Hôtel Naumi : Situé au centre du CBD, cet hôtel offre un havre de paix loin de l'agitation de la métropole. Ce sanctuaire moderne présente une palette de couleurs accrocheuses et des éléments de design funky qui se combinent pour créer une atmosphère agréablement hors du commun. Dotée d'un mobilier luxueux et de baies vitrées, chaque chambre décorée avec goût constitue un havre de paix chic et confortable.

Naumi est charmante par son sens de l'humour et son service client attentif. Le personnel serviable est toujours prêt à vous aider, qu'il s'agisse de mettre en place des expériences personnalisées ou de suggérer des trésors cachés. Admirez la vue imprenable sur la ville depuis la piscine à débordement sur le toit ou savourez des plats créatifs dans l'un des restaurants de l'hôtel. Les voyageurs à la recherche d'une base chic et personnalisée pour explorer Singapour adoreront l'expérience distinctive et animée que le Naumi Hotel a à offrir.

5. The Warehouse Hotel : Situé dans une structure patrimoniale du XIXe siècle soigneusement rénovée, The Warehouse Hotel est situé le long du charmant Robertson Quay. Dès que vous entrez, les briques apparentes et les accents industriels chics vous feront voyager dans le temps et créeront une atmosphère unique. Chaque pièce a été soigneusement planifiée pour allier confort moderne et charme traditionnel afin de créer un environnement à la fois chic et agréable.

Le Warehouse Hotel ne se limite pas à son apparence. Un accueil chaleureux et personnalisé est réservé aux clients, garantissant un séjour relaxant et agréable. Jetez un œil à la collection d'art soigneusement sélectionnée de l'hôtel ou dégustez de délicieux plats régionaux et internationaux au restaurant Po. Découvrez les entrepôts historiques, les cafés branchés et les galeries d'art du quartier animé de Robertson Quay tout en sachant que le Warehouse Hotel offre une retraite chic et confortable.

**6. The Duxton Reserve : ** Située dans le quartier florissant de Duxton Hill, The Duxton Reserve est un groupe de boutiques du 19e siècle qui ont été restaurées pour offrir une expérience unique. Dès que vous entrez dans l'hôtel, vous serez accueilli par une jolie cour et des éléments architecturaux bien détaillés qui évoquent un sentiment de passé et d'immersion culturelle. Chaque chambre présente un style unique qui reflète l'histoire du magasin tout en offrant des installations et un confort modernes et somptueux.

La fusion distinctive de la culture, de l'histoire et du service individualisé de la réserve Duxton est ce qui la rend si attrayante. Participez à un cours de cuisine traditionnelle animé par les chefs de l'hôtel ou parcourez les œuvres d'art exposées dans la galerie. Savourez une cuisine raffinée dans l'un des nombreux restaurants de l'hôtel, qui ont remporté des prix pour leurs créations culinaires. Pour ceux qui recherchent une véritable immersion dans la riche histoire et la culture dynamique de Singapour, The Duxton Réserve offre une expérience singulière et culturellement fascinante.

7. The Sultan : Niché au centre de Kampong Glam, un quartier aisé avec un fort héritage arabe, The Sultan a un air d'élégance exotique. L'hôtel est abrité dans un magasin merveilleusement restauré qui allie des éléments architecturaux modernes à l'architecture arabe traditionnelle. Chaque chambre est décorée de manière unique, avec des textiles et des œuvres d'art distinctifs qui rendent hommage au riche passé culturel du quartier tout en offrant des commodités contemporaines.

Une expérience totalement immersive est proposée par The Sultan. Pour en savoir plus sur les coutumes et les traditions de la région, vous pourrez profiter des programmes culturels et des cours de cuisine traditionnelle de l'hôtel. Découvrez les ruelles cachées du quartier animé, les anciennes mosquées et les marchés animés tout en sachant que le Sultan offre un havre de paix accueillant et culturellement instructif où revenir. Admirez la vue imprenable sur la ville depuis la piscine sur le toit ou offrez-vous une délicieuse cuisine du Moyen-Orient au restaurant de l'hôtel.

**8. Hôtel Soloha : ** Situé au centre de Chinatown, cet hôtel embrasse son histoire tout en y ajoutant des touches modernes. L'hôtel, abrité dans une série de boutiques superbement restaurées, combine des éléments de design modernes et traditionnels pour créer une expérience culturelle immersive. Chaque chambre présente un style distinct avec des œuvres d'art originales et des accents régionaux qui lui confèrent un sentiment d'identité.

L'Hôtel Soloha est charmant autrement que par son agencement. L'équipe d'accueil offre aux clients un traitement personnalisé et une connaissance privilégiée de la région. Découvrez le quartier animé de Chinatown avec ses marchés animés et ses sites historiques intéressants, sachant que l'Hôtel Soloha offre un refuge accueillant et éclairant lorsque vous souhaitez revenir. Savourez de délicieux plats régionaux au restaurant de l'hôtel ou détendez-vous au

**9. Ann Siang House : ** Située au centre du célèbre quartier deAnn Siang Hill, Ann Siang House offre un havre de paix au milieu de l'agitation de la ville. L'hôtel, situé dans une boutique coloniale rénovée avec goût, présente une élégance subtile et un attrait vintage. Les chambres et suites confortables et bien aménagées offrent un sentiment d'emplacement et de personnalité avec leur mobilier et leurs œuvres d'art bien choisis.

2.4 Meilleur hôtel low-cost

La fusion séduisante de merveilles contemporaines et de diversité culturelle de Singapour attire une grande variété de touristes, y compris ceux qui recherchent des options d'hébergement confortables et à des prix raisonnables. Bien que la ville propose plusieurs hôtels somptueux, ceux qui ont un budget serré n'ont pas à s'inquiéter. Nous examinons ici six excellentes options pour un voyage agréable et à un coût raisonnable à Singapour :

1. Situé au centre du quartier commerçant animé d'Orchard Road, l'Holiday Inn Express Singapore Orchard Road offre un excellent emplacement à un prix raisonnable. Ses chambres contemporaines et impeccables disposent de tout le nécessaire pour un séjour confortable, notamment une connexion Wi-Fi, la climatisation et des lits confortables.

Au-delà de l'essentiel, les visiteurs peuvent commencer leur journée avec un petit-déjeuner gratuit, qui constitue le stimulus idéal pour découvrir l'énergie vive de la ville. Le personnel serviable est toujours prêt à vous conseiller ou à vous aider à vous déplacer dans la ville. Son emplacement central signifie que vous pouvez explorer la ville sans trop dépendre des transports en commun, car vous pourrez vous promener dans de nombreux centres commerciaux et attractions importantes comme les jardins botaniques de Singapour.

2. Village Hotel Bugis : Situé dans le quartier culturellement diversifié de Bugis, réputé pour ses sites historiques et ses marchés de rue animés, le Village Hotel Bugis offre aux touristes au budget serré un choix pratique et à un prix raisonnable. L'hôtel propose des chambres bien rangées et bien entretenues, dotées de tout le nécessaire, y compris une connexion Wi-Fi et la climatisation, pour rendre le séjour des clients confortable.

Les visiteurs peuvent se détendre dans le coin salon de l'hôtel ou se rafraîchir dans la piscine extérieure. Il se trouve à quelques pas de la station MRT Bugis, qui offre un accès pratique aux nombreuses attractions de la ville. Avec autant de restaurants de quartier et de vendeurs de nourriture de rue servant des repas délicieux à des prix raisonnables, le quartier est un paradis pour les gourmets.

**3. L'Ibis budget Singapore on Bencoolen est idéalement situé pour découvrir les hauts lieux culturels de Singapour puisqu'il se trouve au centre de la rue animée de Bencoolen. Les chambres pratiques mais petites disposent de tout le nécessaire pour un séjour confortable et sans tracas. L'hôtel compense ses chambres plus petites avec des espaces communs comme un toit-terrasse et un hall, parfaits pour rencontrer d'autres clients et admirer la vue sur la ville.

Le personnel serviable pourra vous aider à explorer cette région unique et à identifier les temples secrets, les sites historiques et les excellents restaurants locaux. Notamment, l'hôtel est situé directement derrière l'Albert Centre Food Court, un endroit idéal pour trouver de la bonne nourriture de colporteur local à des prix raisonnables.

**4. YMCA International House Orchard Road : ** Située au centre d'Orchard Road, cette option d'hébergement est à la fois distinctive et à un prix raisonnable, ce qui en fait un excellent choix pour les voyageurs ayant un budget serré. Cet hôtel à but non lucratif propose des chambres soignées et confortables dotées de toutes les commodités dont vous avez besoin, comme le Wi-Fi et la climatisation, pour rendre votre séjour agréable.

Le YMCA offre une variété d'équipements en plus des chambres, comme une salle de sport, une piscine et une laverie. Vous pouvez obtenir de l'aide du personnel serviable pour tout ce dont vous avez besoin, rencontrer d'autres touristes et créer des souvenirs inoubliables dans les espaces communs.

**5. L'hôtel ST Signature Chinatown offre une combinaison distinctive d'abordabilité et d'immersion culturelle. Il est situé au centre du quartier animé de Chinatown. Dotées de commodités de base comme le Wi-Fi et la climatisation, les chambres soignées et confortables de l'hôtel vous permettent d'explorer Singapour sans dépasser votre budget.

Un petit-déjeuner gratuit est proposé aux clients pour commencer la journée, ce qui est idéal pour poursuivre leurs expéditions d'exploration. Un grand attrait de l'hôtel est son emplacement, qui vous permet d'accéder à pied à des marchés de rue intéressants regorgeant de produits artisanaux et de souvenirs de la région, ainsi qu'à des sites historiques comme le temple de la relique de la dent de Bouddha.

**6. The Caliph Hotel : ** Situé dans le quartier animé d'Arab Street, cet hôtel constitue un point de départ abordable pour explorer la fusion distinctive des cultures de Singapour. L'hôtel propose des chambres confortables et bien entretenues dotées de toutes les commodités nécessaires pour un séjour confortable. Il dispose également d'un toit-terrasse offrant une vue sur les toits de la ville.

La position centrale de l'hôtel vous place au cœur de l'action, entouré de magasins animés proposant des souvenirs, des épices et des textiles traditionnels. Découvrez des trésors cachés comme des restaurants de quartier et des galeries d'art en explorant la mosquée du Sultan, un site historique, ou en explorant les ruelles labyrinthiques.

7. Venue Hotel The Lily : Cet hôtel, situé dans le quartier de Kallang, offre aux clients à la recherche d'un emplacement idéal un prix confortable et raisonnable. L'hôtel propose des chambres bien entretenues et impeccables avec tout le nécessaire, y compris une connexion Wi-Fi et la climatisation, pour rendre le séjour des clients confortable.

Les visiteurs peuvent se reposer dans les espaces communs de l'hôtel ou à la piscine sur le toit. La station MRT Kallang se trouve à seulement quelques pas, offrant un accès pratique à toute la ville. Bien que l'hôtel soit un peu plus éloigné du centre-ville, ses tarifs raisonnables et ses équipements confortables en font un choix fantastique pour les touristes au budget serré.

8. Betel Box à Little India : Cet hôtel distinctif et à prix raisonnable est situé au centre de Little India, un centre florissant de la culture indienne. L'hôtel, installé dans un magasin qui a été reconstruit, offre une fusion de commodités contemporaines et de beauté historique. Les chambres partagées et les lits capsules sont idéaux pour les visiteurs célibataires à la recherche d'un lieu de séjour abordable et social.

Même s'il n'y a pas beaucoup de place, Betelbox dispose d'un salon commun où vous pourrez rencontrer d'autres touristes et planifier votre journée. Le personnel amical se fera un plaisir de vous faire visiter le quartier animé et de vous suggérer des trésors cachés tels que des restaurants indiens authentiques et des sites historiques. Betel Box offre une expérience distinctive et engageante, idéale pour les touristes au budget serré qui souhaitent se mêler et profiter de l'ambiance animée de Little India.

9. The Transit Hostel : Idéalement situé dans le célèbre centre commercial de Singapour, Orchard Road, le Transit Hostel constitue un point de départ confortable et à un prix raisonnable pour l'exploration de la ville. Pour répondre aux différentes demandes touristiques et gammes de prix, l'auberge propose une gamme d'alternatives d'hébergement, notamment des chambres privées, des chambres familiales et des lits en dortoir.

L'ambiance conviviale et les commodités pratiques du Transit Hostel le rendent si charmant. Il est possible de socialiser et d'échanger des histoires dans les espaces communs, qui comprennent un patio et un salon sur le toit. De plus, l'auberge dispose d'un bureau de voyage où vous pourrez organiser des activités ou des transports, une blanchisserie et une bagagerie.

dix. **YHA (The Traveller's Hostel) Singapour : Situé au centre du quartier animé de Clarke Quay, au bord de la rivière, réputé pour ses restaurants et ses bars, le YHA (The Travellers Hostel) Singapour offre un choix abordable aux touristes qui souhaitent avoir envie de socialiser. L'auberge accueille à la fois les visiteurs seuls et les groupes en proposant une gamme d'options d'hébergement, notamment des chambres privées et des lits en dortoir.

L'ambiance vibrante et la clientèle variée du YHA le rendent si attrayant. Vous pouvez rencontrer des gens du monde entier dans les espaces communs, qui comprennent un bar et un salon sur le toit, et créer des souvenirs inoubliables. De plus, l'auberge propose des activités planifiées idéales pour découvrir la ville et sa vie nocturne, telles que des tournées des pubs et des visites à pied.

Rappelons qu'il ne s'agit là que d'un petit échantillon de la large sélection d'hôtels à prix raisonnables de Singapour. Vous pouvez rapidement localiser un hôtel qui répond à vos besoins, vos priorités et votre emplacement préféré en tenant compte de ces facteurs.

3. ALIMENTS ET BOISSONS

3.1 Aliments et boissons locaux de Singapour

La tapisserie colorée de Singapour est bien plus que de simples images et sons époustouflants. En grande partie grâce à sa forte ascendance malaise, chinoise, indienne et européenne, la ville possède une scène culinaire distinctive et variée. Singapour est un paradis pour les gourmets, avec de tout, des restaurants étoilés Michelin aux vendeurs de rue. Ici, nous examinerons quelques-uns des aliments et boissons régionaux incontournables qui séduiront vos papilles et vous donneront envie de plus :

A. Cuisines singapouriennes

1. Les friandises du Hawker Center :
Visitez ses centres de vente ambulante pour découvrir l'essence de la cuisine singapourienne. Ces marchés extérieurs abritent une grande variété de vendeurs,

chacun facturant des frais raisonnables pour leur spécialisation particulière. Les produits de base suivants des centres de vente au détail sont à essayer absolument :

-* **Satay :** Les brochettes de poulet, de mouton ou de bœuf marinées sont parfaitement rôties sur du charbon de bois et servies avec du concombre, des oignons et une savoureuse sauce aux arachides. Ce repas classique offre un délicieux mélange de saveurs fumées et salées, ce qui en fait un incontournable pour tous.

-* **Chili Crab :** Incontournable de la cuisine singapourienne, ce repas se compose de crabes de boue sautés dans une sauce chili piquante et épaisse à base de tomates. La délicate chair de crabe est savamment complétée par la sauce sucrée et salée, créant une expérience bâclée mais immensément gratifiante. N'oubliez pas d'associer des mantous frits (petits pains cuits à la vapeur) avec la délicieuse sauce pour une bouchée parfaite.

-* **Riz au poulet hainanais :** Cette recette, qui semble basique, est une démonstration magistrale de l'utilisation d'ingrédients de première qualité et d'une préparation minutieuse. Aromatisé au riz cuit dans un bouillon de poulet, le poulet poché à une sensation extraordinairement délicate et moelleuse. Trois accompagnements complètent le plat : une sauce chili épicée, une pâte de gingembre parfumée et une savoureuse trempette à la sauce soja.

-* **Laksa :** Cette soupe de nouilles aromatiques est disponible dans une variété de variétés régionales ; le Katong laksa est la variété la plus appréciée à Singapour. Avec des ajouts de pâte de crevettes, de croquettes de poisson, de crevettes et de nouilles, ce curry à base de lait de coco a une saveur profonde et nuancée.

2. Au-delà des centres de Hawking

Bien que les centres de vente ambulante constituent un excellent moyen de goûter à la cuisine locale, Singapour dispose d'une grande variété de restaurants pour tous les goûts. Voici quelques idées pour élargir votre enquête gustative :

-* **Cuisine Nyonya :** Des plats aux saveurs vives et aux parfums distinctifs sont produits à partir de cette fusion spéciale d'éléments chinois et malais. Savourez des friandises telles que Kueh Pie Tee (coquilles de pâtisserie croustillantes remplies de légumes salés), Otah Otah (galettes de poisson épicées) et Ayam Buah Keluak (poulet farci de pâte de noix de bougie).

-* **Cuisine indienne :** La cuisine indienne séduit les sens avec une large gamme d'alternatives végétariennes et non végétariennes, telles que des currys aromatiques, du pain naan moelleux, de délicieux dosas et des samosas croquants. Les aliments populaires comprennent les dosas remplis de différents ingrédients, tels que les pommes de terre ou le sambar (ragoût de lentilles), le poulet au beurre et le poulet tandoori.

3. Expertise locale :

Sortez de la ville et découvrez les délices gastronomiques de plusieurs quartiers :

-* **Katong :** Avec ses racines Peranakan, Katong offre une expérience culinaire unique. Les exemples d'aliments comprennent des gâteaux cuits à la vapeur (kueh) dans une variété de saveurs et du Laksa Katong, une version plus crémeuse et plus riche du laksa traditionnel.

-* **Little India :** Admirez les paysages et les arômes colorés de Little India, un quartier animé avec une pléthore de restaurants végétariens et non végétariens du sud de l'Inde servant des plats délicieux comme le Vadai (beignets de lentilles frits), l'Idli (riz cuit à la vapeur). gâteaux) et dosa.

4. Aventures culinaires :

Ces friandises singapouriennes distinctives valent la peine d'être essayées si vous vous sentez audacieux :

- * **Durian :** Un favori local avec une texture crémeuse et pâtissière et une saveur robuste, ce fruit est connu pour sa puissante odeur. Ce n'est pas pour tout le monde, mais les gourmets aventureux devraient absolument l'essayer.

B. Boissons locales à Singapour

1. Classiques du Hawker Center :
Un voyage dans l'un des quartiers animés de vendeurs ambulants de Singapour est un incontournable pour toute recherche sur les boissons singapouriennes. Ces complexes extérieurs disposent de stands proposant des boissons rafraîchissantes en plus de délicieuses options de repas :

- * **Teh (thé) :** Une boisson chaude ou froide généralement servie avec du sucre ou du lait concentré. Cette boisson courante est idéale comme gâterie fraîche l'après-midi ou comme remontant énergisant le matin. Des variantes telles que Teh Si (thé au lait) et Teh C Peng (thé glacé au lait et au sucre) sont disponibles.

-* **Kopi (Café) :** Joyeux anniversaire, amateurs de café ! Le Kopi est traditionnellement servi fort et affirmé, souvent avec du lait et du sucre, et est fabriqué à partir de haricots Robusta indigènes. Recherchez des variétés telles que le Kopi O (café noir), le Kopi C (café avec du lait et du sucre) et le Kopi Kosong (café sans lait ni sucre).

2. **Passé les classiques :**
Bien que les centres de vente ambulante offrent une agréable introduction aux boissons régionales, il y a bien plus à découvrir sur la scène des boissons de Singapour :

-* **Teh Tarik :** Les marchands « tirent » (Tarik) habilement le thé entre deux récipients métalliques, créant ainsi une texture légère et aérienne. C'est un régal mousseux à regarder. Le thé, le lait et le sucre sont combinés pour créer une boisson parfumée et savoureuse.

-* **Milo Dinosaur :** Pour les jeunes et les moins jeunes, ce vieux favori est un incontournable. Cette boisson colorée constitue une concoction riche, crémeuse et très chocolatée à base de lait concentré, de lait concentré et de poudre de malt chocolaté appelée Milo.

-* **Bandung :** Une délicieuse concoction de lait concentré et de sirop de rose crée cette boisson rose fraîche. Certains ne connaissent peut-être pas les caractéristiques florales de la rose, mais Bandung offre un beau mélange de douceur et de parfum floral idéal pour une journée chaude.

3. Choix locaux pour les personnes soucieuses de leur santé :

Singapour propose une gamme d'options pour ceux qui recherchent des boissons plus saines :

-* **Boisson à la canne à sucre :** Cette boisson naturellement sucrée et délicieuse vous donne un regain d'énergie rapide et est fabriquée à partir de canne à sucre fraîchement pressée. Disponible dans les stands de jus et les centres de vente ambulante, c'est une option populaire par temps chaud.

-* **Eau de coco :** Remplie d'électrolytes et de minéraux vitaux, cette boisson naturellement hydratante est fabriquée à partir de jeunes noix de coco vertes. C'est une méthode fraîche et saine pour combattre la chaleur et se réhydrater.

-* **Eau d'orge :** Faire bouillir les grains d'orge dans l'eau produit cette boisson traditionnelle. C'est une option très appréciée des personnes à la recherche d'une boisson légère et rafraîchissante en raison de ses qualités rafraîchissantes et de sa douceur délicate.

4. Délices locaux tordus :
Essayez ces créations inventives pour une vision moderne de la cuisine singapourienne :

-* **Singapore Sling :** Inventée à l'hôtel Raffles de Singapour, cette célèbre boisson combine du gin, du jus d'ananas, de la liqueur de cerise et d'autres ingrédients pour créer une saveur sucrée et fruitée avec une touche épicée.

-* **Kopi C Peng Float :** Une boule de glace est ajoutée au Kopi C Peng traditionnel pour créer une délicatesse agréable et rafraîchissante, idéale pour un après-midi chaud.

N'oubliez pas que ce n'est que le début de votre voyage dans la cuisine et les boissons singapouriennes. Singapour est assuré d'étancher votre soif et de séduire vos papilles avec sa cuisine distinctive et ses boissons délicieuses grâce à sa large gamme d'offres et sa culture conviviale.

3.2 Les meilleurs restaurants de Singapour pour :

L'industrie alimentaire florissante de Singapour est inclusive, offrant une gamme alléchante de choix à ceux qui ont un budget limité ainsi qu'à ceux qui recherchent le luxe. La ville saura séduire vos papilles gustatives, que vous recherchiez une expérience gastronomique élégante ou une visite amusante dans un quartier de marchands ambulants.

3.2.1 Vacanciers luxueux :

1.* **Restaurant Andre :** Sous la direction du célèbre chef André Chiang, pour un voyage culinaire français progressif au restaurant Andre. Avec un menu tournant mettant en valeur les ingrédients de saison et l'inspiration internationale, ce restaurant trois étoiles Michelin propose une vision créative et inventive de la gastronomie. Les saveurs exceptionnelles et le service inégalé vous épateront et vous raviront.

2. * **Zén :** Niché dans le cadre verdoyant du quartier de Dempsey Hill, Zén offre une expérience culinaire élégante avec une vue imprenable. Utilisant d'excellents ingrédients et des méthodes de préparation soignées, ce restaurant une étoile Michelin sert une cuisine européenne sophistiquée avec des éléments asiatiques. Savourez l'atmosphère paisible du cadre et les œuvres d'art dans votre assiette.

3. * **Jaan :** Offrant de magnifiques vues panoramiques sur les toits de la métropole ainsi qu'une fine cuisine française, Jaan est perché au sommet du Swissotel The Stamford. Ce restaurant deux étoiles Michelin est le choix idéal pour un événement spécial ou une expérience culinaire incroyablement mémorable grâce à sa large sélection de vins et son service impeccable.

4. * **Les Amis :** Savourez une cuisine française traditionnelle dans ce restaurant gastronomique réputé, toujours loué pour sa cuisine délicieuse et son atmosphère sophistiquée. Une expérience culinaire agréable et élégante est garantie dans ce restaurant une étoile Michelin, qui propose un menu de saison mettant en vedette les meilleurs ingrédients français et des techniques traditionnelles.

5. * **Shēn :** Découvrez la meilleure cuisine cantonaise, améliorée à des niveaux sans précédent à Shēn. Utilisant des ingrédients de qualité et des techniques de cuisson de pointe, ce restaurant une étoile

Michelin propose une version moderne de la cuisine classique. C'est le choix idéal pour un dîner opulent et inoubliable en raison de l'ambiance sophistiquée et du service attentionné qui met en valeur les délicieux délices culinaires.

3.2.2 Voyageurs à petit budget :

1. * **Maxwell Food Centre :** C'est un paradis pour des plats locaux délicieux et à prix raisonnable. Venez découvrir la culture du centre de colportage. Découvrez un large éventail de vendeurs, chacun servant des plats uniques, notamment du satay, du crabe au chili et du riz au poulet hainanais. Une atmosphère animée et une délicieuse excursion gastronomique qui ne cassera pas le portefeuille sont à prévoir.

2. * **Old Chang Kee Curry Puffs :** Un voyage à Singapour avec un budget serré ne serait pas complet sans goûter aux célèbres choux au curry du restaurant. Populaires parmi les locaux, ces pâtisseries feuilletées fourrées au curry savoureux constituent une collation à

emporter savoureuse et à un prix raisonnable. Vous pouvez les trouver à plusieurs endroits dans la ville.

3. * **Riz au poulet du Hainan :** Réputé pour son riz au poulet du Hainan merveilleusement savoureux et à un prix raisonnable, Tian Tian est un stand Michelin Bib Gourmand situé dans le très animé Chinatown Food Centre. Pour tout touriste soucieux de son budget, le poulet délicatement cuit servi sur du riz aromatique avec trois assaisonnements savoureux est un incontournable.

4. * **Fondateur Bak Kut Teh :** Situé au centre de Chinatown, le fondateur Bak Kut Teh sert une soupe de côtes de porc épicée avec une variété de plats d'accompagnement et constitue un déjeuner copieux et abordable. Cet incontournable du quartier peu coûteux est idéal pour un dîner copieux et copieux.

5. * **Amoy Street Food Centre :** Situé dans le quartier animé d'Amoy Street, ce centre de vente ambulant sert une grande variété de spécialités régionales alléchantes et à des prix raisonnables. Amoy

Street Food Center propose une variété d'options alimentaires pour répondre aux goûts à la fois soucieux de leur budget et aventureux, y compris des plats classiques comme le satay et le crabe chili ainsi que des bouchées plus inhabituelles comme les cuisses de grenouilles et les omelettes aux huîtres.

3.2.3 Voyageur individuel :

1.* **Lau Pa Sat :** Imprégnez-vous de l'ambiance animée de ce centre de vente ambulant historique, qui sert une grande variété de spécialités régionales. Prenez votre temps pour explorer les différents stands, goûter diverses spécialités et savourer les saveurs distinctives. Parler à d'autres touristes et résidents est une excellente idée lorsque l'on est assis dans un espace public.

2. * **Amoy Street Food Centre :** Amoy Street Food Centre propose des saveurs uniques et des joyaux cachés. Ce quartier pittoresque de vendeurs ambulants compte une gamme de vendeurs proposant des spécialités locales, notamment des plats satay et Peranakan. Prenez place au bar, observez les cuisiniers

pendant qu'ils préparent votre repas et profitez de l'ambiance détendue.

3. * **The Guild :** Socialisez avec d'autres visiteurs et locaux dans ce restaurant et bar chic à l'ambiance animée. Savourez de délicieuses assiettes à partager avec un cocktail ou un verre de vin bien préparé ; ils sont idéaux pour un repas léger ou un verre après le dîner.

4. * **Sushi Airways :** Savourez une expérience de sushi unique à Sushi Airways, un restaurant de sushis à tapis roulant proposant un large choix de plats délicieux et frais. Vous pouvez personnaliser votre dîner à votre rythme en sélectionnant vos assiettes de sushi au fur et à mesure qu'elles sont servies.

5. * **Merci Marcel Boulangerie:** Commencez votre journée chez Merci Marcel Boulangerie avec une délicieuse pâtisserie et une tasse de café. Une sélection de pains, pâtisseries et sandwichs fraîchement préparés sont disponibles dans cette boulangerie française pittoresque, ce qui les rend idéaux pour un petit-déjeuner

savoureux et rapide ou une délicieuse collation l'après-midi.

3.2.4 Voyager en famille :

1.* **Jumbo Seafood :** Savourez le plat national de Singapour, le crabe au chili, chez Jumbo Seafood. De grandes tables facilitent le partage d'un délicieux repas dans ce restaurant franchisé animé et familial. Pour satisfaire tous les appétits, les plats de crabe emblématiques sont proposés dans des tailles variées.

2. * **The Dempsey Cookhouse & Bar :** Profitez d'un lieu de restauration décontracté et populaire avec votre famille. Ce restaurant sert un menu varié comprenant des plats adaptés aux enfants comme des pâtes et des pizzas, ainsi que des classiques asiatiques et une cuisine réconfortante occidentale. L'aire de jeux et les chaises extérieures spacieuses sont idéales pour les familles avec de jeunes enfants.

3. * **Musée de la crème glacée :** Visitez le musée de la crème glacée pour une visite divertissante et

engageante à travers le monde de la crème glacée. Il y a des expositions interactives, des galeries thématiques et de nombreuses occasions de déguster de délicieuses saveurs de crème glacée dans ce musée. Les familles de tous âges peuvent passer un moment mémorable et agréable au musée.

4. * **Satay by the Bay :** Savourez une rencontre culinaire distinctive dans ce centre de vente au bord de l'eau, qui sert une gamme de stands de satay en plus d'autres spécialités régionales. Un dîner en famille ici ne sera jamais oublié en raison de la vue imprenable sur les toits de Marina Bay depuis les sièges extérieurs.

5. * **Chinatown Food Street :** Emmenez votre famille découvrir la grande variété d'options alimentaires disponibles sur Chinatown Food Street. Il y a plusieurs stands de colporteurs proposant des plats locaux à des prix raisonnables dans cette rue animée. Chinatown Food Street est une méthode fantastique pour faire découvrir aux familles la cuisine locale dans un cadre dynamique

en raison de son atmosphère animée et de ses nombreuses sélections.

Rappelez-vous que ce n'est que le début de votre aventure gastronomique singapourienne. La ville s'adapte à une grande variété de goûts et de styles de vacances grâce à sa gamme de restaurants et de vendeurs ambulants. Partez pour votre délicieux voyage, dénichez des trésors inconnus et forgez-vous des souvenirs impérissables à table.

3.3 Bonnes manières de manger

Au-delà de ses images et de ses sons, la riche tapisserie culturelle de Singapour comprend un ensemble distinct de manières de manger. Mieux comprendre ces traditions améliorera votre expérience culinaire et démontrera votre respect pour le mode de vie local. Voici quelques points essentiels à garder à l'esprit :

**1. Accepter et refuser les invitations : ** Il est habituel de répondre rapidement et respectueusement, en acceptant ou en refusant, lorsque vous recevez une invitation à dîner. Il est apprécié d'exprimer sa gratitude en cas d'acceptation. Il est courtois de donner une brève explication si vous devez refuser.

2. **Opportunité est très apprécié dans les coutumes culinaires singapouriennes. Surtout lors des dîners formels, essayez d'arriver à l'heure ou un peu plus tôt.

3. **Attribution des sièges : L'hôte détermine généralement la disposition des sièges dans des situations formelles. Dans un cadre décontracté, les participants sont libres de choisir leur siège ; les personnes âgées ou les visiteurs de marque se voient souvent attribuer une place privilégiée, généralement en bout de table.

4. **Table Etiquette: Tout au long du repas, agissez poliment à table. À moins que vous ne vous reposiez, gardez vos coudes éloignés de la table et utilisez correctement les ustensiles lorsque vous êtes assis droit. Gardez la bouche fermée lorsque vous mangez et évitez de discuter pendant que vous mâchez.

**5. Utiliser des baguettes : ** Bien que cela ne soit pas obligatoire, notamment pour les visiteurs, connaître les principes fondamentaux de l'étiquette des baguettes témoigne du respect du mode de vie local. Évitez de pointer, de faire des gestes ou de lancer des aliments avec des baguettes. Lorsqu'ils ne sont pas utilisés, placez-les sur le repose-baguettes inclus.

6. Partage de nourriture : Dans la société singapourienne, le partage est coutumier, notamment lors des repas partagés. Il est de coutume de partager de grands plats à table et d'offrir et d'accepter de petits morceaux des autres en signe de courtoisie.

7. **Rythme alimentaire : Ne vous précipitez pas dans votre nourriture. Se ménager et apprécier la compagnie et la conversation est considéré comme courtois.

8. Commande et facturation: Dans la plupart des centres de vente ambulante, les commandes sont passées et les paiements sont effectués sur les stands individuels. Lorsqu'un grand groupe est présent dans un restaurant, l'hôte peut décider de passer la commande au nom de la table. Si vous n'êtes pas clair, veuillez vous renseigner sur les procédures de commande et de paiement.

**9. Pourboires : ** Le pourboire est déjà inclus dans le prix du repas au restaurant et n'est pas courant à Singapour. Mais si le service vous impressionne, n'hésitez pas à donner un petit pourboire.

**dix. Expression de gratitude : ** Après le repas, remercier l'hôte pour sa gentillesse et sa bonne cuisine. On peut aussi dire de belles choses sur le cadre ou la cuisine.

11. * **Code vestimentaire :** Portez des vêtements adaptés à l'environnement. Alors que la plupart des centres de vente ambulante et des restaurants autorisent

les vêtements décontractés, habillez-vous élégamment pour les événements formels.

12. * **Parler de sujets :** Évitez les sujets délicats comme la politique ou la religion lorsque vous dînez avec d'autres. Concentrez-vous sur des sujets agréables ou des passions partagées.

13. * **Utilisation du téléphone portable :** Essayez de ne pas être trop distrait ou impoli en utilisant le moins possible votre téléphone pendant le repas.

14. * **Respect des coutumes culturelles :** Gardez à l'esprit la sensibilité culturelle et évitez d'agir d'une manière qui pourrait être interprétée comme impolie ou irrespectueuse.

Vous pouvez garantir une expérience culinaire fluide et agréable tout en faisant preuve de respect pour la culture locale de Singapour en connaissant et en mettant en pratique ces suggestions d'étiquette culinaire. Gardez à l'esprit qu'il ne s'agit que de suggestions ; de petits écarts peuvent survenir en fonction de la situation et du contexte social. Soyez flexible, faites attention au comportement des autres et n'hésitez pas à demander gentiment des éclaircissements lorsque vous en avez besoin.

4. UN COUP D'OEIL SUR SINGAPOUR

4.1. Attraits culturels :

L'une des choses les plus fascinantes à propos de Singapour est la diversité de sa culture, et ses quartiers de Chinatown et de Little India sont deux des meilleurs endroits pour le constater. Avec une gamme variée d'images, de sons et de saveurs, chaque région offre aux visiteurs un voyage immersif dans la riche tapisserie culturelle de Singapour. Elle possède également un riche patrimoine.

1. Quartier chinois :

Avec ses rues animées, ses temples élaborés et sa cuisine délicieuse, Chinatown est un quartier animé qui reflète la riche histoire du peuple chinois de Singapour. L'un des temples chinois les plus anciens et les plus vénérés de Singapour, le temple Thian Hock Keng, est l'un des joyaux cachés que l'on peut découvrir en se promenant dans les ruelles historiques de Chinatown bordées de boutiques traditionnelles. Le temple offre un havre de paix loin de l'agitation de la ville grâce à sa construction élaborée, ses peintures murales vibrantes et ses cours sereines. Le Chinatown Heritage Centre, situé à proximité, propose des expositions interactives qui mettent en lumière la vie des premiers immigrants chinois à Singapour et donnent un aperçu de l'histoire et du développement du quartier. Les gourmets adoreront les choix culinaires de Chinatown, qui vont des centres de vente ambulants animés proposant un délicieux assortiment d'aliments provenant du vaste paysage culinaire chinois aux stands de cuisine de rue aromatiques servant des friandises salées comme le riz au poulet hainanais et le char kway teow.

2. Petite Inde :

Entrez dans les rues colorées de Little India et préparez-vous à être emmené dans les marchés animés et les bazars lumineux de l'Inde. Avec les odeurs d'épices, le son de la musique Bollywood et la vue des tissus colorés et des bijoux élaborés recouvrant les boutiques et les devantures, ce quartier animé est un régal sensoriel pour les sens. Des sites célèbres comme le temple Sri Veeramakaliamman, un magnifique temple hindou consacré à la déesse Kali, dont l'extérieur vibrant et les sculptures élaborées sont un plaisir à voir, se trouvent dans Little India. Les rues animées de la région sont ouvertes à l'exploration des touristes, qui peuvent acheter de tout, de l'artisanat et des vêtements indiens traditionnels aux fruits frais et épices aromatiques auprès des vendeurs. Avec autant de restaurants, de cafés et de vendeurs de rue servant une cuisine indienne authentique, des biryanis aromatiques et des dosas croustillants au poulet au beurre crémeux et de délicieuses friandises comme le gulab jamun et le jalebi, les gourmands n'auront que l'embarras du choix à Little India.

3. Kampong Glam :
Autrefois centre prospère du commerce malais, Kampong Glam est aujourd'hui une région pittoresque qui se distingue par son mélange unique de structures historiques, de boutiques contemporaines et d'art de rue

coloré. La magnifique mosquée du Sultan, une merveille architecturale remarquable avec son dôme doré distinctif et ses embellissements détaillés, est située au centre de Kampong Glam. Explorez l'intérieur de la mosquée, qui présente des carreaux et des calligraphies exquises, et découvrez pourquoi elle est si importante pour la communauté malaise-musulmane de Singapour, à la fois spirituellement et culturellement. Les boutiques animées, les cafés excentriques et les boutiques bordant les ruelles animées d'Arab Street et de Haji Lane à proximité proposent une large gamme de marchandises, de la mode et du design actuels aux textiles et objets artisanaux traditionnels. Avec des galeries, des musées et d'autres institutions culturelles présentant le riche héritage et l'inventivité des diverses communautés de Singapour, Kampong Glam est également un centre artistique et culturel.

4. Rue Joo Chiat :

La côte Est de Singapour abrite la dynamique et éclectique Joo Chiat Road, célèbre pour son héritage Peranakan et ses boutiques colorées de l'époque coloniale. Les ruelles bordées d'arbres de Joo Chiat Road vous accueillent avec un kaléidoscope de couleurs lors de votre promenade. Les bâtiments patrimoniaux sont superbement conservés et comprennent des carreaux de céramique élaborés, des sculptures décoratives et une façade éclatante. Avec une grande variété de restaurants servant des desserts traditionnels kueh, de délicieux plats locaux et une cuisine authentique de Peranakan, la région est un paradis pour les gourmands. Explorez la maison antique de Katong pour avoir un aperçu des coutumes et de l'histoire de Peranakan, ou promenez-vous simplement dans les ruelles pittoresques du quartier pour trouver des trésors cachés et des endroits pittoresques pour des photos Instagram à chaque coin de rue.

5. Sables de Marina Bay :
Symbole de modernité et de raffinement à Singapour, Marina Bay Sands offre à ses clients une combinaison de luxe, de divertissement et de vues à couper le souffle sur le paysage urbain. De nombreuses attractions se trouvent au sein du complexe hôtelier intégré, notamment le

célèbre Marina Bay Sands SkyPark, qui offre aux touristes une vue imprenable sur la ville depuis sa haute plate-forme d'observation sur le toit. Entouré d'une végétation luxuriante, d'œuvres d'art intrigantes et d'imposants Supertrees, le futuriste Garden by the Bay est un endroit étrange et magnifique. Explorez des boutiques opulentes, mangez dans les meilleurs restaurants ou tentez votre chance dans le vaste casino de Marina Bay Sands. Le quartier s'anime la nuit avec des jeux de lumière vives et une vie nocturne animée, ce qui en fait un lieu incontournable pour ceux qui recherchent un moment incroyable à Singapour.

4.2 Une visite des sites historiques de Singapour

Une multitude de sites historiques qui ouvrent une fenêtre sur le passé de Singapour et les nombreuses cultures qui ont influencé son identité contribuent à préserver le riche patrimoine de la cité-État. Ces sites historiques offrent aux visiteurs un voyage passionnant dans le temps, du fort désuet perché au sommet d'une colline de Fort Canning Park au royaume farfelu et bizarre de Haw Par Villa.

1. Parc Fort Canning :
Situé au cœur de la ville animée de Singapour, Fort Canning Park rappelle la riche histoire de l'île. Le parc est riche en histoire et entouré d'une flore magnifique. C'était autrefois la demeure des anciens rois malais et servit plus tard de bastion militaire stratégique. Explorez les nombreuses caractéristiques du parc, telles que le célèbre Fort Canning Hill, qui offre une évasion sereine de l'agitation de la ville en contrebas, et une vue panoramique sur les toits de la ville. Le site archéologique de Fort Canning, dans le parc, présente des objets de l'histoire ancienne de Singapour, démontrant l'abondance de joyaux archéologiques qui y sont trouvés. Grâce à des visites guidées, des expositions interactives et des événements éducatifs qui dépeignent de manière vivante le passé de Singapour, les passionnés d'histoire peuvent explorer le riche patrimoine du parc. De plus, tout au long de l'année, Fort Canning Park organise des concerts, des événements culturels et des

spectacles en plein air qui donnent aux visiteurs l'occasion de découvrir la scène artistique florissante de Singapour dans un cadre historique.

2. Haw Par Villa:

Site culturel unique et original, Haw Par Villa, parfois appelé Tiger Balm Gardens, offre une fenêtre sur la mythologie et le folklore singapouriens. Construit dans les années 1930 par les frères et sœurs entreprenants Haw Par, le parc présente des sculptures complexes, des dioramas et des tableaux qui représentent des scénarios de la mythologie, des légendes et des histoires morales chinoises. Haw Par Villa offre aux visiteurs une expérience onirique avec ses pagodes élaborées, ses énormes statues de créatures légendaires et ses peintures murales vibrantes illustrant des leçons de morale et de vieilles légendes. Les Dix Cours de l'Enfer, une collection de dioramas montrant les horribles sanctions auxquelles les criminels sont confrontés dans l'au-delà, et le célèbre Bouddha qui rit, une représentation de la joie et de la richesse, comptent parmi les points forts du parc. Même si certaines attractions du parc peuvent être considérées comme inhabituelles ou même étranges par rapport aux normes actuelles, Haw Par Villa n'en reste pas moins une icône culturelle appréciée qui offre un regard intrigant sur l'expression artistique et l'héritage culturel de Singapour.

3. Hôtel Raffles :
L'hôtel Raffles, symbole du passé colonial de Singapour et havre de grandeur et de grâce, a été fondé en 1887. Au fil des années, l'hôtel, nommé en l'honneur de Sir Stamford Raffles, l'homme qui a fondé le Singapour contemporain, a accueilli plusieurs dignitaires, célébrités et membres de la famille royale. L'architecture grandiose, les jardins tropicaux luxuriants et le légendaire Long Bar, où le célèbre cocktail Singapore Sling a été créé, témoignent tous de son illustre passé. Les anciens couloirs de l'hôtel Raffles, meublés de meubles anciens, de décorations d'époque et d'objets sentimentaux, permettent aux visiteurs de voyager dans le temps. À travers des expériences immersives, des visites guidées du patrimoine et des événements spéciaux honorant le passé légendaire de l'hôtel et ses

visiteurs légendaires, le riche héritage de l'établissement est reconnu.

4. Le Musée national de Singapour

Le plus ancien musée du pays, le Musée national de Singapour, est une véritable mine d'or de reliques, d'expositions et d'expositions interactives qui retracent l'histoire de Singapour de la préhistoire à nos jours. Le musée, situé dans un magnifique édifice néoclassique datant de 1887, propose des expositions permanentes et spéciales qui offrent un aperçu approfondi de l'histoire, de la culture et de l'identité de Singapour. Explorez des galeries présentant une grande variété de sujets, tels que le patrimoine multiculturel du pays, le passé colonial et la scène artistique actuelle. Des installations multimédias en immersion, des objets historiques et des objets célèbres comme la pierre de Singapour et la collection William Farquhar de dessins d'histoire naturelle sont quelques-uns des points forts du musée.

5. Musée et chapelle de Changi :

La chapelle et le musée de Changi rendent hommage aux milliers de prisonniers de guerre retenus captifs à Changi pendant la Seconde Guerre mondiale. Le musée offre un regard émouvant et qui donne à réfléchir sur la vie des prisonniers alliés, qui ont été confrontés à des difficultés, des privations et des souffrances en captivité. La chapelle et le musée de Changi sont situés sur le terrain de la prison de Changi. Explorez des objets personnels, des photos d'archives et des expositions interactives qui montrent la résilience et la solidarité des détenus ainsi que la vie quotidienne dans les camps de la prison de Changi. La chapelle Changi, une reconstitution de la chapelle originale construite par les prisonniers de guerre comme lieu de culte et de consolation pendant leurs moments les plus sombres, est le point central du musée. Le musée est un sombre rappel des conséquences néfastes des conflits sur la vie humaine et de la valeur du souvenir et de la réparation.

4.3 À la découverte du meilleur site touristique de Singapour

Les sites et monuments célèbres qui parsèment l'horizon de Singapour incitent les touristes à explorer l'environnement urbain dynamique de la ville. Présentant le meilleur du modernisme, de la culture et de la beauté naturelle de Singapour, ces lieux touristiques offrent un large éventail d'expériences, du littoral étincelant de Marina Bay au quartier commerçant animé d'Orchard Road et aux vues panoramiques depuis le Singapore Flyer.

1. Chemin du Verger :

Orchard Road est la principale zone commerciale et de divertissement de Singapour, bordée de centres commerciaux haut de gamme, de boutiques haut de gamme et de cafés branchés le long de cette artère animée. Orchard Road, un tronçon de deux kilomètres de centres commerciaux de premier plan comme ION Orchard, Ngee Ann City et Paragon, est un paradis pour les acheteurs, proposant de tout, de la nourriture gastronomique et des articles de style de vie à la mode et à la technologie de créateurs. En plus d'être une destination populaire pour les acheteurs, Orchard Road offre une grande variété d'options culinaires, de bars, de galeries et de théâtres, ainsi que des événements culturels. Les touristes peuvent se détendre dans l'un des nombreux parcs ou espaces verts qui parsèment le quartier, ou se promener le long de l'avenue bordée d'arbres et admirer les brillantes expositions de lumières et de décorations qui couvrent le boulevard pendant les fêtes de fin d'année.

2. Circulaire de Singapour :
L'une des plus grandes roues d'observation au monde, le Singapore Flyer offre aux clients une perspective à vol d'oiseau du paysage urbain et des sites célèbres depuis ses hauteurs vertigineuses. Le Singapore Flyer, culminant à 165 mètres de haut, offre aux visiteurs un point de vue unique sur le cadre urbain de Singapour avec ses vues panoramiques spectaculaires sur Marina Bay, le quartier central des affaires et au-delà. Les capsules climatisées du Singapore Flyer disposent

chacune de nombreux sièges et d'expériences multimédias interactives qui permettent aux clients de découvrir l'histoire, la culture et les monuments de la ville tout en survolant le paysage urbain. Le Singapore Flyer est particulièrement apprécié pour ses promenades au coucher du soleil et de nuit, qui offrent des vues imprenables sur la ville baignée de teintes dorées ou éclairées par des lumières éblouissantes en contrebas.

3. Zoo de Singapour :

Le zoo de Singapour est un parc zoologique de premier ordre connu pour ses expositions de pointe, ses environnements immersifs et ses initiatives de conservation. Le zoo, entouré d'une magnifique végétation de forêt tropicale, abrite environ 2 800 animaux de plus de 300 espèces, dont des espèces rares et menacées du monde entier. Les voyageurs peuvent découvrir de nombreuses zones, comme Primate Kingdom, Frozen Tundra et Fragile Forest, où ils peuvent voir des animaux dans des décors réalistes destinés à ressembler à leurs habitats naturels. Le Rainforest Kidzworld primé, où les enfants peuvent interagir avec les animaux de la ferme, barboter dans les aires de jeux aquatiques et en apprendre davantage sur la conservation de la faune grâce à des activités interactives, est l'un des points forts du zoo de Singapour. De plus, le zoo propose des expériences exclusives telles que des séances intimes de nourrissage d'animaux, des visites des coulisses et des rencontres avec la faune, donnant aux visiteurs l'occasion de créer des souvenirs impérissables et de renforcer leurs liens avec le monde naturel.

5. Petite Maîtresse :
Little Nyonya est un quartier pittoresque qui honore la riche histoire et les coutumes du peuple Peranakan de Singapour. Situé dans le secteur historique de Joo Chiat, ce quartier animé regorge de boutiques soigneusement entretenues, de restaurants animés vendant de la vraie nourriture Peranakan et de temples élégants. Explorez les rues colorées de Little Nyonya, parsemées de peintures accrocheuses, de magasins d'artisanat traditionnel et de charmants cafés qui offrent un avant-goût de l'hospitalité Peranakan. Des attractions culturelles comme la Katong

Antique House, qui propose des visites guidées et des expositions interactives pour informer les visiteurs sur les coutumes, les rituels et l'artisanat de Peranakan, sont également situées dans la région. Les festivals et les célébrations donnent vie au riche héritage culturel de Little Nyonya avec des processions vibrantes, des spectacles coutumiers et de délicieuses fêtes qui mettent en valeur la fusion distincte des éléments chinois et malais du quartier.

6. Quai Clarke :

Le mélange diversifié d'options de restauration, de divertissement et de vie nocturne que Clarke Quay offre aux visiteurs en fait un quartier riverain animé et passionnant. À l'origine un centre commercial prospère sur la rivière Singapour, Clarke Quay est aujourd'hui un quartier animé au bord de l'eau regorgeant de peintures colorées, d'anciens entrepôts et de coins repas extérieurs amusants. Explorez le mélange unique de restaurants, de pubs et de clubs de la région. Ici, les clients peuvent déguster un large éventail de cuisines, de la cuisine de rue régionale à la cuisine raffinée du monde entier. En plus d'être un centre de divertissement, Clarke Quay dégage une ambiance dynamique renforcée par des activités telles que le G-MAX Reverse Bungy, des croisières fluviales et des événements musicaux live. Pour ceux qui souhaitent explorer la vie nocturne passionnante de Singapour, Clarke Quay offre une expérience inoubliable et immersive, qu'il s'agisse de dîner sous les étoiles, de danser toute la nuit ou simplement d'admirer les berges du fleuve en toile de fond.

4.4 Monuments naturels de Singapour :

Singapour est connue pour son environnement métropolitain animé, mais elle possède également de nombreux espaces naturels et espaces verts magnifiques qui offrent une pause loin de l'agitation de la ville. Découvrez la riche biodiversité de Singapour et rétablissez un lien avec la nature dans ces sites naturels, qui vont des jardins contemporains de la baie au réservoir MacRitchie et aux jardins botaniques luxuriants.

1. Jardins au bord de la baie :

L'oasis de jardin contemporain connue sous le nom de Gardens by the Bay est devenue l'un des sites les plus reconnaissables de Singapour. Ce vaste espace vert, situé sur un terrain récupéré le long du front de mer de Marina Bay, abrite une incroyable variété de flore, d'animaux et de merveilles architecturales. Les Supertrees, qui sont des jardins verticaux recouverts d'une canopée de verdure riche et éclairés par un jeu de lumière exquis la nuit, sont le point central des jardins. L'OCBC Skyway est une promenade surélevée qui offre aux poussettes une vue imprenable sur les toits de la ville et les jardins. Des palmiers imposants, des orchidées délicates et des fleurs éclatantes ne sont que quelques-unes des nombreuses plantes du monde entier abritées dans les conservatoires Flower Dome et Cloud Forest. Tout au long de l'année, Gardens by the Bay organise également des expositions, des concerts et des activités qui offrent aux clients la possibilité d'en apprendre davantage sur la protection de l'environnement, la durabilité et le jardinage.

2. Stockage d'eau MacRitchie :

Havre de sérénité niché dans la forêt tropicale verdoyante de la réserve naturelle de Central Catchment, le réservoir MacRitchie offre aux visiteurs une agréable diversion de l'agitation de la métropole. Le réseau de magnifiques sentiers et promenades du réservoir sillonne les forêts naturelles et les écosystèmes de zones humides, ce qui en fait une destination prisée des amateurs de plein air et des amoureux de la nature. Promenez-vous sur le MacRitchie Nature Trail, où vous pourrez observer des espèces locales, notamment des oiseaux, des papillons et des singes, ou promenez-vous le long du TreeTop Walk, un pont suspendu offrant une vue imprenable sur le réservoir et la forêt environnante. En plus d'offrir des possibilités de loisirs pour le kayak, le canoë et la pêche, le réservoir permet aux touristes de découvrir la splendeur préservée de la nature sauvage de Singapour.

3. Jardins botaniques :

Nichés au centre de Singapour, les jardins botaniques sont un havre de verdure luxuriant connu pour ses fleurs colorées, ses lacs sereins et son environnement verdoyant. Avec plus de 10 000 espèces de plantes, dont des orchidées, des fougères et des palmiers rares et exotiques, les jardins, fondés en 1859, sont à la fois un site du patrimoine mondial de l'UNESCO et un refuge pour les amateurs de plantes. Le Jardin national des orchidées, qui présente la plus grande collection d'espèces d'orchidées et d'hybrides au monde, et le Jardin de guérison, qui abrite des plantes médicinales utilisées dans la médecine traditionnelle asiatique, ne sont que deux des attractions thématiques proposées aux visiteurs des jardins. Les jardins botaniques sont un lieu de rencontre très apprécié des familles, des amoureux de la nature et des amateurs de fitness, car ils proposent des équipements récréatifs tels que des aires de pique-nique, des pistes de jogging et des aires de jeux pour enfants.

4. Îles sœurs :

Les sereines îles Sisters sont deux îles au large des côtes du sud de Singapour, réputées pour leurs plages immaculées, leurs eaux cristallines et leur vie marine abondante. Ces îles isolées, accessibles uniquement par bateau, offrent aux clients des possibilités de plongée en apnée, de plongée et d'exploration de la nature tout en offrant une escapade tranquille loin de l'agitation de la ville. Des récifs coralliens vibrants regorgeant de vie marine, notamment des poissons colorés, des tortues de mer et des espèces rares comme l'hippocampe insaisissable, autour des îles. Les riches forêts de mangroves des îles offrent aux visiteurs la possibilité d'explorer et peut-être de rencontrer des espèces végétales et animales rares ainsi que des oiseaux migrateurs. Les îles Sisters sont un parc marin reconnu qui propose des efforts de conservation, des visites guidées et des activités éducatives pour préserver les écosystèmes fragiles de l'île et sensibiliser le public à la conservation marine.

5. Réserve naturelle de Bukit Timah :
Située au centre de Singapour, la réserve naturelle de Bukit Timah est un havre de verdure avec des arbres imposants, une épaisse forêt tropicale et une grande variété de faune. La réserve est un paradis pour les amoureux de la nature, les randonneurs et les amateurs

de plein air souhaitant explorer le patrimoine naturel de Singapour, car c'est l'une des dernières forêts tropicales primaires du pays. Les randonneurs peuvent profiter de belles promenades en forêt sur des sentiers désignés, où ils peuvent observer la faune locale comme des papillons, des oiseaux et des singes. La pièce maîtresse de la réserve est le plus haut sommet de Singapour, Bukit Timah Hill, dont le sommet offre une vue imprenable sur les environs. De plus, la réserve propose des visites guidées, des sentiers d'interprétation et des expositions pédagogiques qui mettent en lumière la biodiversité, l'importance écologique et les initiatives de conservation de la région.

6. Parc de la côte Est :

S'étendant le long de la côte est de l'île, East Coast Park est la station balnéaire la plus grande et la plus appréciée de Singapour, offrant une large gamme de services et d'opportunités de loisirs aux clients de tous âges. Les promenades bordées de palmiers, les plages de sable fin et les vagues douces du parc constituent le cadre idéal pour les sorties à la plage, les pique-niques et les activités nautiques comme le kayak, la planche à voile et la natation. Le long des sentiers côtiers pittoresques du parc, les visiteurs peuvent faire du roller ou du vélo tout en faisant des arrêts dans les terrains de jeux, les cafés en bord de mer et les barbecues. Outre les endroits autorisés pour la pêche et le camping, East Coast Park est une plaque tournante des activités de plein air, avec des installations pour le beach-volley, le football et la planche à roulettes. East Coast Park offre une multitude d'options pour se détendre et s'amuser dans les environs pittoresques de Singapour, qu'il s'agisse de se prélasser sur la plage, d'admirer le coucher du soleil ou de savourer de délicieux fruits de mer dans l'un des restaurants au bord de l'eau du parc.

La découverte des trésors naturels de Singapour offre aux touristes une grande variété d'expériences en plein air, allant de la détente sur la plage aux divertissements au bord de la mer, en passant par la randonnée dans la forêt tropicale et les aventures marines.

5. SHOPPING À SINGAPOUR

5.1 Souvenirs et artisanat régional

Singapour, une cité-État cosmopolite, offre une expérience de vente au détail distinctive. La ville offre quelque chose à tous ceux qui aiment acheter des souvenirs et de l'artisanat local, en plus des marques et des centres commerciaux haut de gamme. Voici un petit échantillon du large éventail de souvenirs et d'artisanat régional disponibles à Singapour :

1. Textiles et artisanat régionaux :

-* **Batik :** Plongez dans le royaume coloré du batik, une méthode séculaire de coloration du tissu avec de la cire résistante pour produire des motifs élaborés. Parcourez les marchés et les magasins pour trouver des nappes, des foulards et des sarongs en batik qui représentent une partie de l'histoire créative de Singapour.

-* **Nonya Beaded Crafts :** Émerveillez-vous devant le travail de perles exquis de la communauté Peranakan. Ces produits artisanaux, qui vont des bijoux délicats et des sacs à main élaborés aux objets décoratifs comme des sous-verres et des porte-clés, mettent en valeur le talent artistique et l'histoire culturelle de Peranakan.

-* **Songket :** Découvrez le tissu au tissage exquis connu sous le nom de songket, qui est fait de soie ou de coton et de fils d'or ou d'argent finement tissés. Les foulards Songket, les sacs à main et même les objets de décoration intérieure sont des cadeaux populaires qui apportent une touche de style et d'histoire culturelle.

2. Souvenirs symboliques :

-* **Merlion :** L'emblématique Merlion, être légendaire possédant une tête de lion et un corps de poisson, est la représentation universelle de Singapour. Procurez-vous des t-shirts, des porte-clés, des aimants et des miniatures du Merlion pour vous souvenir de votre voyage à la Cité du Lion.

-* **Bijoux d'orchidées :** L'orchidée, la fleur nationale de Singapour, est une option très appréciée pour les souvenirs. Les bijoux en orchidées sont délicats et raffinés, disponibles dans une variété de styles tels que des colliers, des bracelets, des broches et des boucles d'oreilles, vous permettant d'afficher votre héritage singapourien.

-* **Souvenirs culinaires de Singapour :** Apportez un peu de Singapour à la maison ! Choisissez des friandises régionales comme la soie de poulet, les tartelettes à l'ananas et le kaya (confiture de noix de coco), qui constitueront un délicieux souvenir de vos explorations gastronomiques dans la ville. Pour un transport plus facile et une durée de conservation plus longue, envisager des solutions préemballées.

3. Où acheter :

-* **Centres de colporteurs :** Visitez les centres de colporteurs pour en apprendre davantage sur les coutumes locales et découvrir des produits artisanaux distinctifs de la région. Recherchez des stands avec des vendeurs de produits alimentaires délicieux à côté de ceux vendant des vêtements, des accessoires et des bibelots traditionnels.

-* **Chinatown et Little India :** Découvrez une variété d'objets artisanaux et de souvenirs de ces régions énergiques. Chinatown propose des souvenirs d'influence chinoise et Little India propose une large sélection d'artisanat, de textiles et d'épices indiens.

-* **Centre d'artisanat de Singapour :** Visitez le centre d'artisanat de Singapour pour découvrir un assortiment soigneusement choisi d'artisanat local de qualité supérieure. Avec des objets fabriqués à la main par des artistes singapouriens, le centre offre un guichet unique pour des souvenirs authentiques et distinctifs.

5.2 Les plus grands quartiers commerçants de Singapour pour différents types d'acheteurs

Singapour est un paradis du shopping qui s'adapte à un large éventail de goûts et de prix. La ville dispose d'un large éventail de destinations shopping pour satisfaire votre besoin de shopping, s'adressant à tout le monde, des chasseurs de bonnes affaires aux amateurs de luxe et tous les autres. Les principales destinations shopping à Singapour sont répertoriées ici, avec des suggestions basées sur diverses préférences d'achat :

1. La récompense opulente ultime :

-* **Orchard Road :** Cette zone commerciale bien connue est un sanctuaire pour les marques haut de gamme et de créateurs. Explorez les grands magasins de créateurs comme Takashimaya et DFS Galleria, ainsi que les lieux phares de marques connues comme Chanel, Louis Vuitton et Prada.

-* **Les boutiques de Marina Bay Sands :** Dans ce complexe intégré, perdez-vous dans un luxe inégalé. Découvrez un assortiment soigneusement choisi de marques haut de gamme telles que Gucci, Dior et Cartier, ainsi que des boutiques de créateurs et des concept stores.

2. Obtenir la coupe idéale dans la mode :

-* **Haji Lane :** Les boutiques indépendantes et les boutiques vintage abondent dans ce quartier branché de Kampong Glam. Trouvez des vêtements, des articles pour la maison et des accessoires distinctifs de créateurs nationaux et étrangers qui conviennent à une gamme de goûts et de prix.

-* **Bugis Street :** Une grande variété de découvertes de mode à prix raisonnable peuvent être trouvées sur ce marché animé. Découvrez les stands proposant des vêtements, des accessoires et des chaussures élégants, parfaits pour les clients au budget serré à la recherche des dernières tendances.

-* **VivoCity :** Ce centre commercial en bord de mer propose un large choix de marques de mode, allant des marques locales comme Love, Bonito et Charles & Keith aux noms mondiaux comme H&M et Zara.

3. Une aventure dans le shopping culturel :

-* **Little India :** Découvrez une pléthore de tissus, d'épices et d'artisanat traditionnels tout en vous immergeant dans la culture animée de Little India. Parcourez les magasins proposant des kurtas, des saris et des bijoux traditionnels, ainsi que des stands remplis de bibelots et d'épices inhabituels du monde entier.

-* **Chinatown :** Promenez-vous dans les rues animées de Chinatown pour découvrir une multitude d'artisanat traditionnel, d'antiquités et de souvenirs de Chine. Recherchez des services à thé, des vêtements en soie et des figurines en porcelaine exquises qui donnent un aperçu de la culture chinoise.

-* **Centre d'artisanat de Singapour :** Dans ce centre, vous pouvez explorer un assortiment soigneusement choisi d'objets artisanaux de haute qualité tout en soutenant les artisans locaux. Découvrez des objets uniques qui mettent en valeur le savoir-faire et l'héritage culturel des artistes singapouriens, tels que des paniers tressés, des poteries peintes à la main et des tissus batik.

4. Divertissement familial et achats utiles :

-* **VivoCity :** Ce centre commercial familial compte une grande variété de détaillants, notamment des marques de vêtements pour enfants, des magasins de jouets, ainsi que des parcs d'attractions et des théâtres de divertissement.

-* **Suntec City Mall :** Ce vaste centre commercial abrite une gamme de détaillants adaptés aux familles, notamment des zones de jeux interactives, des centres éducatifs et des magasins de jouets et de vêtements pour enfants.

-* **Centres commerciaux Heartland :** Faites un détour depuis le centre-ville pour découvrir les centres commerciaux du cœur comme Bukit Panjang Plaza et AMK Hub. Ces centres commerciaux proposent une gamme de marques nationales et internationales, de supermarchés et de magasins de proximité qui répondent aux besoins quotidiens des consommateurs soucieux de leur budget.

5. À la recherche d'offres inhabituelles :

-* **Marché de Bugis Street :** Il y a des tonnes de bonnes affaires à trouver sur ce marché nocturne animé sur les vêtements, les accessoires, l'électronique et les souvenirs. Prêt à marchander pour obtenir les meilleures offres, profitez de l'environnement animé.

-* **Mustafa Centre :** Ce paradis du shopping ouvert toute la journée propose un vaste choix de produits à des prix raisonnables, allant des vêtements et appareils électroniques aux produits d'épicerie et bibelots.

Préparez-vous à une expérience de magasinage et à des foules distinctes.

-* **Magasins d'aubaines :** Visitez les friperies comme l'Armée du Salut ou New2U pour trouver des trésors cachés et promouvoir des achats respectueux de l'environnement. Découvrez des vêtements, des accessoires et des articles ménagers légèrement usagés à des prix raisonnables, soutenant une économie circulaire.

Gardez à l'esprit que ce n'est que le début de votre parcours shopping à Singapour. La ville offre une grande variété de centres commerciaux, de marchés et de magasins pour tous les goûts et toutes les gammes de prix. Profitez donc de l'expérience shopping unique de Singapour en l'explorant, en la découvrant et en en profitant.

6. OCCASIONS ET CÉLÉBRATIONS

6.1 Festivals singapouriens

Singapour, un creuset de cultures, propose un programme de festivals chargé tout au long de l'année. Ces festivités offrent une fusion distinctive de coutumes, de couleurs et d'expériences culturelles, reflétant les nombreux groupes ethniques et confessions de la ville. Voici un aperçu de quelques-uns des festivals les plus captivants de Singapour :

1. Nouvel An chinois :
Cette célébration spectaculaire, qui marque le début du Nouvel An lunaire, est la fête la plus importante et la plus largement observée à Singapour. Des décorations vibrantes, des marchés de rue animés et des spectacles de danse du lion donnent vie à la ville. Assistez à l'époustouflante Chingay Parade, un défilé de rue avec des chars complexes, des actes culturels captivants et des

pièces pyrotechniques accrocheuses. Savourez de délicieux dîners de retrouvailles et savourez des plats traditionnels tels que du poisson et des raviolis avec vos proches.

2. Thaipusam :
Participez à la fête hindoue colorée de Thaipusam, qui est une manifestation de pénitence et de dévotion. Les fidèles présentent des kavadis (sanctuaires) richement ornés au Seigneur Murugan comme une sorte d'offrande. Assistez au défilé coloré, palpitant de chants et de battements de tambours, et ressentez le dévouement et la foi inébranlable des fidèles.

3. Hari Raya Puasa :
À Hari Raya Puasa, rejoignez la communauté musulmane pour célébrer la fin du Ramadan. Profitez de l'atmosphère festive créée par des prières spéciales, en vous réunissant avec vos proches et en dégustant de délicieux plats. Savourez les plats favoris des fêtes tels que le rendang (un plat de bœuf épicé), le kueh (pâtisseries malaisiennes) et le ketupat (raviolis au riz).

4. La Fête des Lumières, ou Deepavali :

Admirez le spectacle de lumières à couper le souffle lors du festival hindou des lumières, Deepavali. Avec des expositions de rangoli élaborées, des rangées de diyas (lumières à huile) scintillantes et des spectacles culturels animés, Little India devient un kaléidoscope de couleurs. Célébrez, partagez des cadeaux et savourez des friandises traditionnelles comme le barfi et le jalebi.

5. Grand Prix de Singapour :

Préparez-vous pour le passionnant Grand Prix de Singapour, une course nocturne qui prend d'assaut la ville. Regardez les voitures de Formule 1 s'affronter dans une course rapide et précise le long du circuit urbain de Marina Bay. Tout au long du week-end de course, profitez de l'atmosphère animée qui comprend de la musique, des feux d'artifice et une variété d'alternatives de divertissement.

6. Festival gastronomique de Singapour :

Vivez un voyage gastronomique au milieu du Singapore Food Festival, commémorant le paysage culinaire diversifié et animé de la ville. Savourez de délicieuses cuisines régionales et mondiales lors de nombreux festivals et événements culinaires. Participez à des masterclasses, des ateliers et des démonstrations culinaires pour découvrir l'héritage culinaire distinctif de Singapour.

7. Défilé le jour de la fête nationale :
Regardez le défilé de la fête nationale de Singapour pour voir la fierté et l'unité du pays. Le défilé, qui a lieu le 9 août, comprend un spectacle époustouflant de puissance militaire, des événements culturels hauts en couleur et des pièces pyrotechniques accrocheuses. Joignez-vous à l'esprit de patriotisme et d'unité en célébrant l'indépendance du pays.

La ville offre quelque chose pour tout le monde tout au long de l'année, avec une variété d'événements sportifs, d'expositions d'art et de célébrations culturelles. Ainsi, chaque fois que vous visitez Singapour, assurez-vous de consulter le calendrier et de vous imprégner de l'atmosphère joyeuse de la ville.

6.2 Conseils culturels singapouriens

Singapour est un centre interculturel animé qui attire des touristes du monde entier. Quelques considérations culturelles importantes peuvent améliorer votre visite et montrer que vous appréciez les coutumes et les traditions des personnes que vous visitez tout en découvrant cette cité-état. Voici quelques conseils cruciaux à garder à l'esprit :

**1. Code vestimentaire : **
Le code vestimentaire de Singapour est généralement modeste, en particulier dans les lieux de culte et les bureaux gouvernementaux. Portez des vêtements qui couvrent vos genoux et vos épaules lorsque vous visitez des mosquées ou des temples. Même si la plupart des lieux publics autorisent les vêtements décontractés, évitez les objets extrêmement révélateurs. Faites toujours preuve de modestie en cas de doute.

2. Salutations et signaux non verbaux :

À Singapour, un signe de tête et un sourire chaleureux sont les salutations habituelles. Dans les situations formelles, saluer les personnes âgées avec un petit salut est poli, mais les poignées de main sont également habituelles. En public, les gestes affectueux sont généralement gardés secrets. Il est considéré comme impoli de pointer directement quelqu'un du doigt. Faites un geste de paume ouverte à sa place.

**3. Protocole de restauration : **
Apporter un petit cadeau, comme des fleurs ou des bonbons, est habituel lorsqu'on est invité chez quelqu'un. Lorsque vous dînez, attendez d'être assis à table et évitez d'utiliser votre téléphone. Il est courtois de goûter à la nourriture servie et d'éviter de dénigrer les plats régionaux. À Singapour, les pourboires ne sont pas habituels puisque les frais de service sont généralement couverts par la facture. Mais si le service vous impressionne, n'hésitez pas à donner un petit pourboire.

**4. En une ligne : **

La courtoisie et l'ordre sont importants pour les Singapouriens. Attendez toujours votre tour calmement en faisant la queue ; ne poussez pas et ne coupez pas les autres.

**5. Transport public: **

À Singapour, les transports en commun sont proposés à des prix raisonnables et fonctionnent efficacement. Utilisez le Mass Rapid Transit (MRT) exclusivement dans les zones autorisées à manger et à boire. Lorsque vous prenez les transports en commun, évitez de faire du bruit ou de mettre votre téléphone en mode haut-parleur. Donnez votre place aux personnes âgées, aux femmes enceintes ou aux personnes handicapées.

**6. Sensibilité à la religion : **

Singapour abrite de nombreuses religions différentes. Respectez toutes les religions et évitez les propos insultants ou les actes perturbateurs à proximité des lieux de culte. Lorsque vous visitez des lieux de culte, habillez-vous modestement et suivez les instructions spéciales qui peuvent être indiquées à la porte.

7. Être conscient de l'environnement :
Singapour prend au sérieux la protection de l'environnement. Les détritus sont punis de lourdes amendes et sont interdits. Merci de jeter vos déchets dans les poubelles adaptées. Pour réduire les déchets, pensez à apporter des sacs de courses et des bouteilles d'eau réutilisables.

8. Images:
Bien qu'il soit généralement acceptable de prendre des photos dans les lieux publics, vous devez toujours obtenir la permission de quelqu'un avant de le faire, en particulier dans les lieux de culte. Éloignez-vous de la photographie au flash dans les galeries et les musées, car cela pourrait endommager les objets.

9. Langue:
Il existe quatre langues officielles à Singapour, outre l'anglais, à savoir le malais, le chinois mandarin et le

tamoul. Acquérir une compréhension de base de quelques phrases dans l'une de ces langues peut montrer une considération pour le mode de vie et la culture locales.

**dix. Honnêteté et déférence :
La société singapourienne est réputée pour sa tolérance à l'égard de la variété et de la paix entre les cultures. Soyez réceptif aux nouvelles expériences et traditions et faites preuve de décence et de respect à chacun. Vous pouvez vous assurer que votre immersion dans la culture singapourienne soit fluide et agréable en apprenant et en mettant ces conseils culturels en pratique.

7. LES ITINÉRAIRES IDÉAUX

7.1 Un itinéraire de sept jours

Singapour est une nation insulaire fascinante qui vous invite à découvrir sa culture vivante, sa cuisine délicieuse et ses sites fascinants. Avec un mélange d'expériences soigneusement choisies, cet itinéraire de 7 jours vous permet d'explorer le cœur de la ville et de créer des souvenirs inoubliables.

Jour 1 : Découvrez les trésors culturels

- Matin : Dirigez-vous vers Chinatown, un microcosme animé de la tradition chinoise, pour commencer votre exploration. Découvrez la riche histoire du temple de la relique de la dent de Bouddha, savourez un délicieux brunch dim sum et flânez dans les ruelles animées bordant les magasins traditionnels.
photo de

- Dans l'après-midi, visitez Little India, une communauté fascinante honorant le patrimoine sud-asiatique. Savourez un délicieux déjeuner du sud de l'Inde, perdez-vous dans l'arôme parfumé des magasins d'épices et visitez des temples animés comme le temple Sri Veeramakaliamman.

- Soirée : profitez de la vie nocturne animée de Clarke Quay. Savourez des plats étrangers dans un restaurant au bord de la rivière, montez à bord d'un magnifique bateau fluvial et profitez de l'ambiance animée.

Jour 2 : Révéler les merveilles modernes et le charme colonial

- Matin : Faites un voyage dans le temps au célèbre hôtel Raffles, une magnifique structure de l'époque coloniale réputée pour son opulence et ses coutumes en matière de thé l'après-midi.

- Après-midi : découvrez le cœur historique de Singapour, le quartier civique, et admirez des merveilles architecturales comme le bâtiment de la Cour suprême et la National Gallery Singapore.

- Soir : Admirez une vue panoramique à 360 degrés sur la baie et les toits de la ville en grimpant jusqu'à la plate-forme d'observation du Marina Bay Sands SkyPark. La nuit, profitez de la beauté à couper le souffle du spectacle de lumière et d'eau Spectra.

Jour 3 : Une journée passionnante et remplie d'aventures

- Journée complète : découvrez le premier parc à thème cinématographique hollywoodien d'Asie du Sud-Est, Universal Studios Singapore, et laissez aller l'enfant qui sommeille en vous. Rencontrez vos personnages préférés et profitez de manèges exaltants inspirés de films à succès comme Transformers et Revenge of the Mummy.

Jour 4 : Joyaux culturels et adoration de la nature

- Matin : Faites une pause dans l'agitation et découvrez le site du patrimoine mondial de l'UNESCO, les jardins botaniques de Singapour, un havre de verdure. Profitez du calme tout en admirant la variété de plantes, dont le jardin national des orchidées.

- Après-midi : Explorez la riche histoire de Kampong Glam en tant que quartier d'importance historique avec une influence malaise et islamique notable. Explorez le quartier animé de Haji Lane avec ses boutiques et cafés branchés, visitez la magnifique mosquée du Sultan et découvrez les trésors culturels du Malay Heritage Centre.

- Soirée : Savourez les saveurs distinctives de la cuisine locale tout en savourant un dîner malais traditionnel dans un restaurant.

Jour 5 : Safari nocturne et expérience culinaire

- Dans la matinée, visitez un centre de vente ambulant, un lieu de rassemblement animé où une variété de stands de nourriture locale savoureuse et à des prix raisonnables vendent leurs offres. Essayez une variété de spécialités singapouriennes, notamment du riz au poulet, du satay et du crabe chili.

- Après-midi : Détendez-vous et ressourcez-vous à votre hôtel ou visitez le quartier commerçant animé d'Orchard Road, qui abrite des détaillants haut de gamme et des boutiques indépendantes.

- Soirée : Visitez Singapore Night Safari, le premier zoo nocturne au monde, pour commencer un voyage étonnant. Observez les animaux nocturnes dans leur environnement naturel et observez les étonnantes créatures prendre vie sous les étoiles la nuit.

Jour 6 : Des plages immaculées et une escapade insulaire

- Journée complète : prenez des vacances sur l'île de Sentosa, une zone amusante avec beaucoup à faire. Profitez de sensations fortes à Universal Studios

Singapore (si vous ne l'avez pas déjà fait), détendez-vous sur de magnifiques plages comme le Tanjong Beach Club, explorez le monde sous-marin au S.E.A AquariumTM et participez à une variété d'alternatives de divertissement, notamment l'exposition de lumière et d'eau Wings of Time. .

Jour 7 : Un au revoir sincère

- Accédez aux achats de souvenirs de dernière minute pour localiser des souvenirs uniques qui vous rappelleront vos vacances. Vous pouvez parcourir la sélection soigneusement sélectionnée au Singapore Handicraft Center ou vous promener dans les rues colorées de Bugis Street.

Goûtez un dernier avant-goût de Singapour avec un petit-déjeuner copieux composé de plats régionaux comme le kaya toast et le teh tarik (thé au lait effiloché), ou savourez un délicieux brunch dim sum tout en profitant de l'ambiance animée de la ville.

Découvrez un joyau caché : si vous avez plus de temps, jetez un œil aux zones culturelles moins connues comme Telok Ayer Street, qui a une histoire intéressante, et Joo Chiat Road, qui abrite des boutiques animées de Peranakan.

Dans l'après-midi:

- Aller à l'aéroport : l'aéroport de Changi est parmi les plus grands au monde ; en attendant votre vol, profitez de ses nombreux équipements, notamment des jardins, une salle de cinéma et même une piscine.

En quittant Singapour, faites une pause pour réfléchir à la mosaïque colorée d'expériences auxquelles vous avez participé. Sans aucun doute, Singapour a laissé une impression durable avec sa richesse culturelle attrayante, sa cuisine délicieuse et ses sites spectaculaires. Emportez avec vous les souvenirs de votre incroyable voyage à travers cette nation insulaire fascinante, ainsi que la gentillesse des gens et leurs saveurs distinctives.

7.2 Escapade de week-end

Avez-vous besoin d'une petite escapade par rapport à votre emploi du temps habituel ? Ne cherchez pas plus loin que Singapour, une nation insulaire animée proposant un large éventail d'activités pour un week-end revigorant. Cet itinéraire vise à revitaliser votre corps, votre esprit et votre âme tout en vous laissant suffisamment de temps pour profiter de tout ce que la ville a à offrir.

Jour 1 : Révéler les délices culinaires et les trésors culturels

- Matin : faites un voyage à Chinatown, un microcosme florissant de la culture chinoise, pour commencer votre journée. Découvrez la riche histoire du temple de la relique de la dent de Bouddha et promenez-vous dans les ruelles colorées bordées de magasins de quartier.
photo de

- Déjeuner : Offrez-vous une large gamme de bouchées cuites à la vapeur tout en savourant un délicieux brunch dim sum dans un restaurant voisin.

- Dans l'après-midi, visitez Little India, une communauté fascinante honorant le patrimoine sud-asiatique. Découvrez le vibrant temple Sri Veeramakaliamman et laissez-vous emporter par les arômes enivrants des magasins d'épices.

- Soirée : profitez de la vie nocturne animée de Clarke Quay. Savourez des plats étrangers dans un restaurant au bord de la rivière, montez à bord d'un magnifique bateau fluvial et profitez de l'ambiance animée.

Jour 2 : Une combinaison de divertissement, de loisirs et de nature

- Matin : Faites une pause dans l'agitation et découvrez le site du patrimoine mondial de l'UNESCO, les jardins botaniques de Singapour, un havre de verdure. Admirez la végétation variée, qui comprend le jardin national des orchidées, et découvrez la paix dans un environnement verdoyant.

- L'après-midi, offrez-vous une séance de spa apaisante dans un hôtel cinq étoiles ou dans un salon de massage classique. Avec une gamme de thérapies individualisées, revitalisez votre corps et votre esprit.

- Soirée : découvrez la vie nocturne animée d'Orchard Road. Profitez d'une belle soirée dans un restaurant sur le toit offrant une vue imprenable sur la ville, offrez-vous une séance de shopping dans des marques connues ou de petites boutiques et explorez le centre commercial animé.

Pensez à visiter l'île de Sentosa au lieu d'un soin au spa si vous recherchez une expérience plus active. Détendez-vous sur de magnifiques plages comme le Tanjong Beach Club, vivez l'excitation d'Universal Studios Singapore ou explorez le monde sous-marin au S.E.A AquariumTM.

Jour 3 : Un adieu sincère et des souvenirs durables
- Matin : savourez un dernier petit-déjeuner local composé de toasts kaya et de tarik, ou promenez-vous dans les rues animées et les marchés locaux pour acheter des souvenirs de dernière minute.

- L'après-midi, selon l'heure de votre départ, vous pourrez :

*- Découvrez un joyau caché : visitez des zones culturelles moins connues telles que Telok Ayer Street, qui a une valeur historique et des cafés pittoresques, ou Joo Chiat Road, qui abrite des boutiques colorées de Peranakan.

*- Faites du shopping de dernière minute : jetez un œil à la sélection soigneusement sélectionnée au Singapore Handicraft Center ou promenez-vous dans les rues colorées de Bugis Street.

*- Détendez-vous à l'aéroport : voyagez à l'aéroport de Changi, réputé pour ses équipements haut de gamme, et

profitez de ses installations, qui comprennent une salle de cinéma, une piscine et des jardins, pendant que vous attendez votre vol.

*- Emportez avec vous les souvenirs de votre week-end stimulant, les saveurs distinctives et la gentillesse des gens en quittant Singapour. Vous repartirez de cette nation insulaire dynamique en vous sentant revitalisé et en souhaitant revenir pour davantage d'exploration car elle offre un mélange unique d'expériences.

7.3 Une expérience hors des sentiers battus

Au-delà des sites bien connus et des destinations touristiques très fréquentées, Singapour regorge de joyaux cachés non découverts qui ne demandent qu'à être explorés. Cet itinéraire vous encourage à vous lancer dans un voyage unique qui vous fera sortir des sentiers battus et découvrir les beautés naturelles cachées de la ville, ses expériences locales authentiques et sa tapisserie culturelle complexe.

Jour 1 : Révéler le charme Peranakan de Joo Chiat Road

- Matin : Visitez Joo Chiat Road, une zone animée et riche en culture Peranakan, pour commencer votre voyage. Admirez les boutiques aux couleurs vives, qui sont une fusion distinctive des traditions architecturales malaises et chinoises et sont chacune agrémentées de beaux éléments et de teintes vives. Visitez le musée Peranakan pour en apprendre davantage sur la riche histoire ainsi que sur les coutumes et la culture uniques du peuple Peranakan.

photo de

- Après-midi : promenez-vous dans le très animé Tekka Centre, un marché humide qui offre une fenêtre sur la culture locale. Découvrez les images, les sons et les senteurs des spécialités régionales, des épices aromatiques et des produits frais. Discutez avec d'aimables marchands, découvrez des ingrédients régionaux et peut-être même essayez des fruits inhabituels.

- Soirée : Évadez-vous de l'agitation de la ville en vous promenant le long de la rivière Kallang, un joyau caché. Savourez une belle promenade ou une balade à vélo, observez les gens aller à la pêche ou faire du tai-chi et profitez de l'atmosphère tranquille.

Jour 2 : À la découverte de Pulau Ubin : une escapade sur une île rustique depuis Singapour

- Journée complète : faites une excursion d'une journée à Pulau Ubin, une île délabrée accessible depuis le continent par ferry. Découvrez la splendeur naturelle de l'île et évadez-vous de la jungle de béton de la métropole. Louez un vélo pour visiter les pittoresques communautés de kampong (villages); promenez-vous dans un cadre verdoyant; ou faites du kayak sur des lacs paisibles. Découvrez l'écologie distinctive de l'île en vous rendant dans les zones humides de Chek Jawa, un sanctuaire pour une grande variété de plantes et d'animaux.
photo de

Jour 3 : Révéler l'histoire secrète du parc aérospatial de Seletar

- Le matin, visite du Seletar Aerospace Park, un joyau méconnu avec un parcours intéressant dans l'aviation. Découvrez l'importance de la région dans la croissance de l'aviation à Singapour en visitant les structures patrimoniales rénovées, qui comprennent la tour de contrôle reconnaissable.

- Dans l'après-midi, découvrez l'histoire de l'armée de l'air de la République de Singapour en visitant le musée de l'armée de l'air de Singapour. Découvrez des expositions fascinantes comprenant du matériel militaire, des avions et des expositions interactives.

- Soirée : savourez un dîner tranquille dans l'un des restaurants bordant le parc aérospatial de Seletar, qui offre une vue imprenable sur la piste d'atterrissage et la végétation environnante.

Jour 4 : Aventure culinaire du Bukit Panjang Hawker Center

- Matin : Visitez le Bukit Panjang Hawker Center pour avoir un avant-goût de l'essence de la scène culinaire de Singapour. Essayez une large gamme de plats régionaux alléchants et à prix raisonnables proposés par différents vendeurs, comprenant des spécialités classiques comme le satay (brochette de bœuf), le gâteau aux carottes et le char kway teow (nouilles de riz frites).

Suivez un cours de cuisine à la Singapore Culinary School dans l'après-midi. Laissez-vous tenter par le riche héritage culinaire de Singapour et apprenez auprès de chefs chevronnés les secrets de la préparation de spécialités régionales bien-aimées. Ensuite, prenez un délicieux dîner que vous avez préparé vous-même et savourez les résultats de votre dur labeur.

- Soirée : Découvrez la vie nocturne animée de Tiong Bahru, un quartier historique à l'ambiance moderne et créative. Visitez des magasins indépendants, des galeries et des cafés ; Vous pouvez également vous arrêter dans l'un des bars du quartier pour assister à un concert.

Jour 5 : Une exploration de la culture et de l'art à DECK et au Malay Heritage Centre

- Matin : Visitez le Malay Heritage Centre pour en savoir plus sur la riche histoire et les coutumes du peuple malais. Enquêtez sur les expositions interactives qui mettent en valeur leur langue, leur culture et leur histoire. Assistez à des démonstrations d'artisanat traditionnel, comme l'orfèvrerie et la peinture de batik, pour avoir un aperçu du mode de vie malais.

- Dans l'après-midi, visitez DECK, un centre artistique et culturel prospère situé dans un ancien parking rénové. Participez à des installations artistiques interactives, visitez des expositions d'art moderne et assistez à des séminaires ou des ateliers donnés par des artistes locaux.

Jours 6 et 7 : Activités personnalisées et adieux sincères

Vous pouvez personnaliser ces derniers jours selon vos préférences. Vous pourriez aller à Haw Par Villa, un parc à thème distinctif avec des statues humoristiques et des dioramas illustrant le folklore et la mythologie chinoise. Vous pouvez également vous promener dans les rues animées de Kampong Glam, un quartier historique fortement influencé par la culture arabe et malaise. Vous pourriez même faire une excursion d'une journée sur l'une des îles voisines.

8. EXCURSIONS ET EXCURSIONS D'UNE JOURNÉE

8.1 Île de Sentosa

La meilleure station balnéaire de Singapour, Sentosa Island, vous séduit avec une grande variété d'attractions, des plages immaculées et un environnement animé. Sentosa, qui est facilement accessible depuis le continent de Singapour par un pont, un téléphérique ou un monorail, constitue un refuge loin de la métropole animée ainsi qu'une offre infinie de divertissements pour les personnes de tous âges.

1. Le paradis des aventuriers :
-* **Universal Studios Singapore :** Plongez dans le royaume passionnant d'Hollywood. Vivez des montagnes russes exaltantes, découvrez des zones célèbres sur le thème des films et interagissez avec vos personnages bien-aimés. Pour les cinéphiles et les amateurs de sensations fortes, Universal Studios Singapore offre une

expérience incroyable, de l'exaltation Transformers : The Ride à l'univers passionnant de « Harry Potter ».

2. Au-delà de l'excitation :
-* **Aquarium S.E.A :** Faites un voyage sous la surface de l'un des plus grands aquariums du monde. Découvrez plus de 100 000 créatures aquatiques appartenant à plus de 800 espèces dans divers contextes, tels que l'océan, les récifs coralliens et même le pôle Sud. Admirez les gracieuses raies manta, les loutres amusantes et les poissons vibrants nageant dans des habitats sous-marins soigneusement modélisés.

-* **AJ Hackett Sentosa :** AJ Hackett Sentosa est une expérience époustouflante pour les vrais accros à l'adrénaline. Montez au sommet de la première tour de saut à l'élastique au monde, située en dehors de la Nouvelle-Zélande et offrant une vue imprenable sur l'île et au-delà. Vous pouvez également tester votre courage en vous précipitant dans les airs à une vitesse pouvant atteindre 120 km/h sur la balançoire géante.

3. Un bref aperçu de l'histoire :
-* **Fort Siloso :** Explorez les tunnels et les batteries de guerre, découvrez l'histoire militaire de l'île et comprenez mieux la résilience et la transformation de Singapour en plongeant dans le passé de Singapour dans ce fort historique qui a joué un rôle vital pendant la Seconde Guerre mondiale.

4. Escapade Amoureux de la Nature :
-* **Imbiah Lookout :** Admirez la vue imprenable sur l'île et le port tout en échappant à l'agitation de la ville. Profitez d'une promenade calme le long des environs verdoyants du Sentosa Nature Walk, ou détendez-vous sur le sable immaculé de la plage de Tanjong ou de la plage de Palawan tout en profitant du soleil et d'une douce brise marine.

5. Un voyage gastronomique :
Sentosa offre une délicieuse variété de cuisines du monde entier, ce qui en fait un paradis pour les gourmets. Savourez de délicieux repas dans des restaurants haut de gamme, des cafés décontractés ou des centres de vente

ambulants animés qui conviennent à tous les budgets et à tous les goûts. Visitez le restaurant S.E.A Aquarium Ocean pour une expérience culinaire unique en son genre où vous pourrez manger devant des spectacles sous-marins captivants.

6. Détendez-vous et revitalisez-vous :
Après avoir exploré et vous être amusé toute la journée, détendez-vous dans l'un des somptueux hôtels ou complexes hôteliers de Sentosa. Beaucoup disposent de piscines, de spas de classe mondiale et de vues à couper le souffle, ce qui en fait l'escapade idéale pour le repos et le ressourcement.

7. **Organiser votre voyage à Sentosa :**
-* Pour accéder à moindre coût à plusieurs attractions, dont le téléphérique Sentosa Islander, pensez à vous procurer un Sentosa Island Pass.

-* Il existe plusieurs moyens pratiques pour se rendre sur l'île. Choisissez entre la distance de marche du centre commercial VivoCity, du téléphérique ou du monorail Sentosa Express.

Sentosa s'adapte à un large éventail de goûts avec ses options d'hébergement à thème, qui vont des hôtels opulents aux complexes hôteliers familiaux.

8.2 Pulau Ubin

Connu comme le « dernier kampong » (village) de Singapour, Pulau Ubin offre un répit frais loin de l'agitation de la ville. Les amoureux de la nature, les passionnés d'histoire et tous ceux qui recherchent un aperçu du passé agricole de Singapour trouveront le paradis sur cette île sans prétention, située à seulement un court trajet en ferry du continent.

1. Remontez le temps :
-* **Kampongs traditionnels :** Promenez-vous dans les kampongs enchanteurs de Pulau Ubin, où les petits magasins et les cottages traditionnels en bois bordent les ruelles sinueuses. Découvrez la convivialité et la

gentillesse des habitants, dont beaucoup sont issus de pionniers ayant fait fortune dans le secteur des carrières de granit de l'île.

2. Admirez la beauté de la nature :
-* **Divers écosystèmes :** L'île est couverte d'une végétation luxuriante, avec une variété d'écosystèmes allant des affleurements de granit et des carrières abandonnées aux forêts de mangroves et aux zones humides côtières. Le moyen de déplacement préféré de l'île est le vélo, alors louez-en un et parcourez ses magnifiques sentiers.

-* **Zones humides de Chek Jawa :** Abritant une grande variété de plantes et d'animaux, les zones humides de Chek Jawa sont l'une des attractions les plus appréciées de Pulau Ubin. Découvrez l'environnement unique rempli de mudskippers, de crabes violonistes et d'oiseaux colorés en vous promenant le long du réseau de promenades et de sentiers. Prenez note de la flore distincte qui s'épanouit dans cet équilibre fragile entre les habitats d'eau douce et d'eau salée.

3. Un aperçu de l'histoire :

* **Verger fruitier de Pulau Ubin :** Faites le tour de ce rappel du patrimoine agricole de l'île, le verger fruitier de Pulau Ubin. Découvrez les nombreux fruits et légumes qui étaient à l'origine cultivés ici et découvrez les anciennes méthodes agricoles que certaines personnes utilisent encore.

4. Gâteries gastronomiques :

En plus du tarif touristique standard, Pulau Ubin offre une expérience culinaire distinctive et délicieuse. Essayez les célèbres « mee goreng hijau » (nouilles vertes) sur l'île ou offrez-vous des fruits de mer frais dans les restaurants du quartier. Profitez de l'occasion pour goûter aux kueh (gâteaux) traditionnels, un délicieux dessert qui ravira votre palais.

5. Un jeûne électronique :

Vous pouvez rétablir votre connexion avec la nature et rompre avec le monde numérique à Pulau Ubin. Imprégnez-vous de l'ambiance tranquille de l'île, avec les sons apaisants de la nature remplaçant les rappels incessants de la vie urbaine.

6. Organiser votre voyage à Pulau Ubin :
-* Des départs réguliers du terminal ferry de Changi Point sont effectués pour Pulau Ubin en ferry.
-* Les vélos sont le moyen idéal pour explorer l'île ; vous pourrez les louer à votre arrivée.

-* Apportez un insectifuge, de la crème solaire et des chaussures confortables pour votre voyage.

-* Pensez à ne laisser aucune trace et à faire preuve de respect pour l'environnement qui vous entoure.

8.3 Johor Bahru - Singapour

La capitale de l'État malaisien de Johor est Johor Bahru (JB), située au-dessus de la chaussée venant de Singapour. Cette ville, que les habitants appellent simplement « JB », offre une fusion fascinante d'influences malaises, chinoises et européennes, ce qui en fait un choix populaire pour les touristes à la recherche d'aventures palpitantes, d'immersion historique et d'immersion culturelle.

1. Un voyage dans le temps :
-* **Musée du Sultan Abu Bakar :** Situé à l'intérieur du magnifique Istana Besar (Grand Palais), explorez le passé royal de Johor en visitant le magnifique musée du Sultan Abu Bakar. Admirez le design élaboré, le mobilier somptueux et les objets historiques qui mettent en valeur le passé illustre du sultanat de Johor.

-* **Temple de verre Arulmigu Sri Rajakaliamman :** Au temple de verre Arulmigu Sri Rajakaliamman, imprégnez-vous de la culture hindoue animée. Un travail de verre complexe orne cette merveille architecturale, produisant un superbe spectacle de couleurs et de reflets.

2. Un paradis pour les gourmets :
Avec une sélection alléchante de cuisines malaise, chinoise et indienne, JB est le paradis des gourmands. Savourez le satay traditionnel, composé de tendres

brochettes de porc marinées et cuites à la perfection, ou offrez-vous une tasse fumante de Laksa, une soupe de nouilles au curry savoureuse et crémeuse. Découvrez les marchés nocturnes animés de la ville, où les stands de vendeurs ambulants proposent une sélection illimitée de plats à des prix raisonnables. Ne manquez pas l'occasion de goûter au tarik, un thé au lait populaire consommé toute la journée par les locaux. C'est mousseux.

3. Excitation et découvertes à venir :
JB propose également des services aux amateurs de sensations fortes. Visitez LEGOLAND® Malaisie, le premier parc à thème LEGOLAND® en Asie, pour ressentir l'exaltation des montagnes russes. Visitez l'aquarium SEA LIFE® Malaysia pour admirer une vie marine à couper le souffle ou testez votre courage au parc d'activités Angry Birds. Visitez le parc aquatique Desaru Coast pour une expérience unique. Il dispose d'une piscine à vagues et de toboggans aquatiques passionnants.

4. Le paradis des accros du shopping :

JB est un paradis du shopping, proposant un large éventail de centres commerciaux et de marchés locaux pour tous les budgets. Vous découvrirez probablement quelque chose à rapporter à la maison en souvenir, allant des marques haut de gamme à l'artisanat régional. Imprégnez-vous de l'ambiance animée des marchés nocturnes de Johor Bahru, où vous pouvez acheter de tout, des appareils électroniques et articles pour la maison aux vêtements et accessoires.

5. Évadez-vous avec la nature :

Johor Bahru offre l'occasion de découvrir le calme de la nature et d'échapper à l'agitation de la ville. Partez en randonnée dans les forêts tropicales luxuriantes du parc national de Gunung Pulai pour observer une variété d'espèces et admirer des vues panoramiques à couper le souffle. Visitez la côte immaculée de Desaru pour des vacances tranquilles à la plage ; il possède de belles plages, des stations balnéaires et des options d'activités nautiques.

6. En dehors des limites de la ville :
Prenez le temps d'explorer les îles environnantes et de vous aventurer en dehors du centre-ville. Pulau Rawa est réputée pour ses stations balnéaires opulentes et son ambiance sereine, tandis que Pulau Sebuku offre des plages immaculées et des possibilités de plongée sous-marine et avec tuba.

7. Organiser votre voyage à Johor Bahru :
-* Les Singapouriens peuvent facilement se rendre à Johor Bahru en utilisant la Chaussée ou le Second Link.

-* Pour des déplacements urbains faciles et à prix raisonnable, pensez à vous procurer un abonnement de transport en commun de plusieurs jours.

-* Bien que la plupart des gens parlent anglais, vous pouvez toujours vivre une meilleure expérience si vous connaissez quelques phrases simples en malais.

8.4 Île de Batam - Indonésie

L'île de Batam, en Indonésie, est une île paradisiaque située de l'autre côté du détroit de Singapour qui offre une combinaison séduisante d'aventures, de loisirs et d'expériences culturelles à un prix abordable. Avec tout, des plages immaculées aux sports nautiques exaltants en passant par les centres commerciaux animés et les marchés locaux animés, Batam séduit un large éventail d'intérêts et de prix, ce qui en fait l'endroit idéal pour de courtes vacances ou une enquête plus approfondie.

1. Détendez-vous sur des plages immaculées :
-* **Découvrez les plages :** Batam abrite plusieurs plages à couper le souffle, chacune offrant une expérience distinctive. Détendez-vous sur les plages soyeuses de Nongsa Beach, un endroit très apprécié pour la baignade, le bronzage et les sports nautiques. Découvrez les plages isolées de Nagoya Beach, réputée pour sa vie nocturne animée et son ambiance décontractée. Visitez les plages exclusives des stations balnéaires du nord de l'île pour une escapade opulente.

-* **Savourez les sports nautiques :** Vivez l'exaltation du jet ski ou du parachute ascensionnel au-dessus des eaux azurées. Les excursions de snorkeling ou de plongée sous-marine sont d'excellents moyens de découvrir les récifs coralliens colorés et une variété de créatures marines. Faites du kayak à travers les forêts de mangroves pour découvrir des criques secrètes et des écosystèmes insolites.

2. Acceptez les joies culturelles :
-* **Explorez la vie locale :** Visitez des villages traditionnels comme Kampung Tua (vieux village) pour vous immerger pleinement dans la culture animée de Batam. Explorez des sites historiques, faites connaissance avec des habitants accueillants et observez le mode de vie de la région.

-* **Explorez les temples et les mosquées :** Découvrez les magnifiques temples et mosquées pour en apprendre davantage sur le riche héritage culturel de l'île. Admirez les belles structures et l'ambiance calme des temples bouddhistes tels que Maha Vihara Duta

Maitreya. Laissez-vous fasciner par la magnificence à couper le souffle des mosquées telles que l'emblématique Masjid Raya Baitul Makmur, réputée pour son dôme doré.

3. Un paradis du shopping :
Avec un large choix d'options de shopping à des prix raisonnables, Batam est le paradis des accros du shopping. Découvrez les vastes centres commerciaux, qui comprennent des marques internationales, des boutiques régionales et des boutiques de souvenirs, telles que le centre commercial Nagoya Hill et le Harbour Bay Centre. Imprégnez-vous de l'ambiance animée des marchés de quartier comme le marché de Jodoh, où vous pouvez acheter des gadgets, des vêtements et des légumes frais à des prix très réduits, en plus de l'artisanat local.

4. Un voyage gastronomique :
Savourez les saveurs alléchantes de la cuisine indonésienne, inspirée des coutumes chinoises, indiennes et malaises. Savourez le plat national indonésien, le Nasi

Goreng (riz frit), ou tentez votre palais avec des currys alléchants, des plats de fruits de mer chauds du bateau et des brochettes de viande grillées. Découvrez la scène florissante de la cuisine de rue, qui propose une large gamme d'options alléchantes à des prix raisonnables. Profitez de l'occasion pour déguster des boissons régionales comme le Kopi Susu (café au lait concentré) et le Teh Tarik (thé au lait effiloché).

5. Excitation et découvertes à venir :
Au-delà de ses plages et de ses attractions culturelles, les amateurs d'aventure trouveront de nombreuses activités à Batam. Testez vos capacités sur l'un des meilleurs parcours de golf de l'île, entouré de paysages à couper le souffle et d'une végétation luxuriante. Relevez de nouveaux défis dans le parc aquatique palpitant, qui propose des manèges à vagues, des piscines et des toboggans pour les personnes de tous âges. Partez en randonnée ou à vélo sur des sentiers pittoresques pour découvrir la beauté naturelle de l'île ainsi que sa flore et ses animaux variés.

6. Organiser vos vacances à Batam :

-* Il y a des départs quotidiens réguliers de ferry de Singapour à Batam, ce qui en fait une destination facile.

-* La durée du séjour et votre pays détermineront les conditions de visa pour l'entrée. Avant votre voyage, vérifiez les règles les plus récentes.

-* La Rupiah indonésienne (IDR) est la monnaie utilisée localement. Pensez à utiliser les distributeurs automatiques ou à changer votre argent avant votre arrivée.

Dans la plupart des marchés et magasins, un marchandage est attendu.

8.5 Circuit à Bangkok - Thaïlande

Faites une excursion d'une journée passionnante de Singapour à Bangkok, en Thaïlande, et plongez-vous dans le pandémonium coloré de la ville. Appréciée par les habitants comme la « Cité des anges », cette ville animée combine des temples historiques, des marchés animés, une délicieuse cuisine de rue et une ambiance exaltante qui vous donnera envie de plus.

1. Admirez la splendeur culturelle :
-* **Le Grand Palais :** Remontez le temps en admirant la magnificence du Grand Palais, qui servait d'ancienne résidence aux dirigeants siamois. Admirez les éléments architecturaux exquis, les pagodes élaborées et les stupas dorés scintillants qui représentent le riche héritage culturel de la Thaïlande.

-* **Wat Pho :** Admirez les vues à couper le souffle de Wat Pho, célèbre pour son énorme statue de Bouddha couché et son complexe de temples élaborés. Admirez les flèches imposantes, promenez-vous dans les cours tranquilles et ressentez l'ambiance méditative.

-* **Wat Arun :** Depuis le célèbre Wat Arun, le temple de l'aube, admirez des vues à couper le souffle sur les toits de Bangkok. Admirez les détails exquis en porcelaine qui ornent le prang (tour), un élément architectural distinctif qui représente le mont Meru, la demeure mythologique hindoue et bouddhiste des dieux.

2. Savourez des délices gastronomiques :
-* **Street Food Adventure :** Savourez une exploration gastronomique de la scène culinaire de rue animée de Bangkok. Savourez l'explosion de saveurs d'une gamme de plats, tels que le riz gluant à la mangue, les rouleaux de printemps frais et les currys parfumés comme le pad thai. Ne manquez pas l'occasion de goûter aux spécialités régionales comme la soupe tom yum, une soupe aigre-douce, et le satay, qui sont des brochettes de bœuf grillées.

3. Acceptez l'ambiance animée :
-* **Marché du week-end de Chatuchak :** Imprégnez-vous de l'atmosphère animée de l'un des plus grands marchés du week-end au monde, le marché du week-end de Chatuchak. Découvrez plus de 15 000 stands vendant de l'artisanat, des spécialités locales, des vêtements et des souvenirs. Préparez-vous à marchander et à profiter de l'environnement animé.

-* **Wat Pho Massage :** Cet établissement, réputé pour ses thérapeutes talentueux et ses méthodes distinctives, propose des massages traditionnels thaïlandais. Détendez-vous, revitalisez-vous et acquérez des connaissances personnelles sur cette méthode thérapeutique ancestrale.

4. Une excursion d'une journée passionnante :
Même si une excursion d'une journée à Bangkok ne donne qu'un bref aperçu de cette ville fascinante, elle vous donne néanmoins la chance de découvrir son riche patrimoine culturel, son énergie exubérante et sa cuisine délicieuse. Vous reviendrez de cette aventure passionnante avec des souvenirs impérissables et un désir ardent de découvrir davantage la Thaïlande.

5. Conseils supplémentaires :
-* Pour tirer le meilleur parti de votre excursion d'une journée, pensez à embaucher un guide local compétent qui pourra vous faire visiter rapidement la ville et vous donner un aperçu de sa culture et de son histoire.

-* Lorsque vous visitez les temples, habillez-vous modestement en couvrant vos genoux et vos épaules.

Vous ferez beaucoup d'exploration, alors emportez de bonnes chaussures de marche et soyez prêt à affronter la chaleur et l'humidité.

-* Les négociations sont courantes sur la plupart des marchés, alors n'hésitez pas à discuter des prix.

* Avant votre voyage, échangez votre argent local contre du baht thaïlandais.

8.6 Legoland en Malaisie

Niché dans l'État malaisien de Johor Bahru, LEGOLAND® Malaysia invite les familles et les fans des briques emblématiques de tous âges à se lancer dans une aventure passionnante à travers un monde entièrement constitué de briques. Le premier parc à thème interactif d'Asie promet d'être une journée incroyable pleine de créativité, d'exploration et de possibilités illimitées.

1. Entrez dans l'univers des créations LEGO® :

-* **LEGO® City :** Imprégnez-vous de l'atmosphère animée du centre-ville, où les conducteurs en herbe peuvent obtenir leur permis à l'école de conduite, s'entraîner à naviguer dans les feux de circulation lors d'un parcours interactif et même participer à des missions de sauvetage avec le Junior. Académie du Feu.

-* **LEGO® Ninjago World :** Entraînez-vous avec vos personnages préférés, Lloyd, Kai et Nya, et libérez le ninja qui sommeille en vous. Apprenez la compétence séculaire du Spinjitzu, affrontez les forces du mal et profitez de sensations exaltantes comme NINJAGO® The Ride, un voyage rapide à travers NINJAGO® City.

-* **LEGO® Friends Heartlake City :** Vivez des aventures palpitantes avec vos personnages LEGO® Friends préférés à Heartlake City. Aidez Mia à prendre soin des animaux à la clinique vétérinaire Friends, à construire et piloter vos inventions au laboratoire d'invention d'Olivia, ou à chanter sur des airs entraînants sur la scène d'Andrea.

2. Attractions passionnantes et jeux interactifs :
En plus de ses zones thématiques, LEGOLAND® Malaysia propose une gamme variée de manèges et d'attractions qui raviront à coup sûr tous les visiteurs. Naviguez à travers le parc sur les passionnantes montagnes russes LEGO® The Dragon et plongez-vous dans un monde LEGO® légendaire. Partez pour un voyage passionnant en bateau de guerre pirate et combattez d'autres passagers dans l'eau. Vivez une aventure cinématographique en 4D pour une expérience véritablement immersive, où des effets spéciaux comme le vent, l'eau et même la neige donnent vie à l'action.

3. Acceptez votre originalité :
Au-delà de ses manèges et attractions, LEGOLAND® Malaysia est un paradis créatif où vous pouvez laisser libre cours à votre imagination. À la LEGO® Master Builder Academy, où des instructeurs compétents vous

guident tout au long du processus de construction d'étonnants modèles LEGO®, vous pouvez construire vos chefs-d'œuvre. Découvrez le plus grand modèle en briques LEGO® au monde, une reconstitution exquise du célèbre bâtiment du Sultan Abdul Samad qui met en valeur les subtilités et le potentiel des constructions LEGO®.

4. Un conte digne d'une famille :
Les familles de tous âges sont accueillies par LEGOLAND® Malaysia, qui propose des expériences adaptées aux tout-petits, aux adolescents et aux adultes. Les tout-petits peuvent jouer et explorer en toute sécurité dans un monde créé spécialement pour eux dans les zones désignées du parc, telles que DUPLO® Farm et DUPLO® Town. LEGOLAND® Malaysia garantit une journée amusante pour toute la famille avec sa grande variété d'activités, d'options de restauration et d'équipements adaptés aux familles.

5. Organiser votre voyage :

-* LEGOLAND® Malaisie est ouvert tous les jours. Pour éviter les files d'attente, il est conseillé d'acheter vos billets en ligne à l'avance.

-* Le parc vous permet de vivre votre aventure LEGO® en dehors du parc avec une variété d'expériences hôtelières thématiques.

-* Si vous comptez visiter LEGOLAND® plusieurs fois par an, pensez à vous procurer un Pass Annuel LEGOLAND®.

Plus qu'un simple parc à thème, LEGOLAND® Malaysia offre une porte sur un univers infiniment créatif et imaginatif. Préparez-vous pour un voyage incroyable dans cet incroyable parc à thème en emportant votre passion pour les briques LEGO® et en laissant libre cours à l'enfant qui sommeille en vous !

9. VIE NOCTURNE ET DIVERTISSEMENT

9.1- Discothèques et bars à cocktails de Singapour pour :

9.1.1 Vacanciers luxueux

La vie nocturne animée de Singapour offre quelque chose pour tous les goûts, et la ville abrite plusieurs bars à cocktails haut de gamme et discothèques exclusives pour les visiteurs aisés à la recherche d'expériences haut de gamme. Ces lieux garantissent une soirée incroyable, des petits bars clandestins avec des cocktails bien préparés aux fêtes sur les toits avec une vue imprenable sur la ville.

1. **Déjeuner sur le toit :**

-* **1-Altitude :** Offrant une vue panoramique inégalée sur les toits de la ville, 1-Altitude est perché au sommet de la plus haute structure de Singapour. Cet espace multi concept dispose d'un bar opulent, d'un restaurant asiatique moderne et d'une discothèque énergique qui s'anime en soirée.

-* **CE La Vi :** L'élite de la ville se rassemble au CE La Vi, situé sur le toit de l'hôtel Marina Bay Sands. Savourez des créations de boissons inventives tout en admirant le magnifique front de mer et la vue sur les toits de Marina Bay. Des DJ renommés et de la musique live assurent une ambiance animée toute la nuit.

-* **MO Bar :** Niché sur le toit de l'hôtel Mandarin Oriental, le MO Bar offre une ambiance sophistiquée avec une vue imprenable sur le paysage urbain. MO Bar est un paradis pour les amateurs de cocktails exigeants, connu pour sa vaste carte de cocktails comprenant des cocktails classiques et inventifs.

2. Des bars clandestins très unis :
-* **Atlas :** Niché derrière une porte d'ascenseur antique, Atlas est un bar clandestin légendaire où vous

pourrez voyager dans le temps et découvrir un monde d'élégance et de raffinement. Découvrez leur vaste gamme de plus d'un millier de gins, chacun soigneusement disposé et étiqueté dans un environnement opulent semblable à une bibliothèque. Les barmans professionnels créent des boissons personnalisées selon vos goûts, chaque visite est donc différente.

-* **Manhattan :** Inspiré des célèbres bars à cocktails de New York, Manhattan est un joyau caché niché dans une boutique rénovée du centre de la ville. Tandis que les barmans opèrent leur magie en créant des cocktails traditionnels avec une touche contemporaine, l'emplacement compact et l'éclairage tamisé créent une ambiance sophistiquée.

-* **The Guild :** Niché dans un passage secret, The Guild offre une atmosphère clandestine distinctive et chaleureuse. The Guild est un bar à cocktails bien connu qui repousse les limites de cette forme d'art, connu pour ses concoctions inventives, ses présentations spectaculaires et son dévouement à la durabilité.

3. Clubs exclusifs :

-* **Zouk :** Institution singapourienne, le Zouk est une discothèque mondialement reconnue qui se distingue par sa sonorité avant-gardiste et son ambiance vibrante. Avec trois niveaux offrant chacun des expériences et des genres musicaux différents, le Zouk fait appel à un large éventail de préférences et garantit une soirée dansante qui ne sera pas oubliée de sitôt.

-* **Marquee Singapore :** Discothèque haut de gamme proposant des résidences de DJ internationales, des spectacles palpitants et un cadre somptueux, Marquée Singapour est située au sein de l'hôtel Marina Bay Sands. Une population exigeante à la recherche d'une expérience de vie nocturne d'élite fréquente ce club privé.

-* **Club Eighteen :** Situé au sommet du bâtiment reconnaissable One Fullerton, le Club Eighteen propose des fêtes élégantes avec une vue imprenable sur la région de Marina Bay. Une clientèle sophistiquée est servie par un service impeccable et un cadre opulent, tandis que des DJ renommés et des concerts créent une atmosphère animée.

9.1.2 Voyageurs avec un budget serré

Pour les touristes au budget serré, la vie nocturne florissante de Singapour offre un large éventail d'options intéressantes et à des prix raisonnables qui vont bien au-delà des hôtels de luxe. La ville offre quelque chose pour tous les goûts sans dépasser le budget, des pubs passionnantes et des bars de quartier aux aventures insolites et aux événements culturels.

1. Repaires locaux et bars de plongée :

-* **Clarke Quay :** Ce quartier animé au bord de la rivière est un trésor de tavernes et de bars à des prix raisonnables. Découvrez l'environnement charmant et éclectique, les concerts et les happy hour proposés par les boutiques le long des petites ruelles.

-* **Holland Village :** Les résidents et les visiteurs étrangers fréquentent les nombreux bars et pubs décontractés de ce quartier pittoresque. Visitez l'abreuvoir de votre quartier et dégustez une bière et discutez, ou allez voir un groupe live jouer de la pop au rock classique.

-* **Little India :** Visitez un bar ou un restaurant de quartier pour vous immerger pleinement dans la culture animée de Little India. Dégustez une bière fraîche ou un teh tarik (thé au lait effiloché) tout en profitant de l'environnement animé et des interactions locales chaleureuses.

2. Expériences spécialisées :

-* **Hawker Centers :** Les centres de colporteurs bien connus de Singapour sont bien plus que de simples endroits où manger pendant la journée ; beaucoup d'entre eux prennent vie la nuit et deviennent des centres sociaux dynamiques. Choisissez parmi une large sélection de vendeurs de nourriture savoureuse à des prix raisonnables, puis détendez-vous avec un verre dans l'un des bars locaux ou profitez simplement de l'ambiance.

-* **Lieux de musique live :** Découvrez des musiciens locaux et internationaux émergents jouant dans différents bars et pubs de la ville. Des spectacles gratuits en plein air sont fréquemment organisés en soirée au Singapore Repertory Theatre et à l'Esplanade - Theatres on the Bay, offrant une expérience culturelle agréable.

-* **Films sous les étoiles :** Profitez du climat agréable de Singapour et regardez un film sous les étoiles dans plusieurs lieux différents de la ville. Pour une soirée agréable et peu coûteuse, consultez les listes locales pour connaître les événements à venir et apportez une couverture de pique-nique.

3. Au-delà des emplacements :

-* **Offres Happy Hour :** Tout au long de la semaine, de nombreux pubs et bars proposent des offres spéciales happy hour qui incluent des prix réduits sur les boissons et les collations du bar. Profitez de ces offres pour économiser sur votre prochaine soirée.

-* **Transports publics :** Le réseau de transports publics bien établi et efficace de Singapour rend la navigation nocturne dans la ville simple et à un prix raisonnable. Il existe également de nombreux services de covoiturage et de taxi.

-* **Activités gratuites :** Imprégnez-vous de l'ambiance dynamique de la ville en observant les gens dans des endroits animés comme Clarke Quay, en vous promenant le long du front de mer ou en visitant les jardins de la baie la nuit lorsque les Supertrees prennent vie avec la lumière. et des spectacles sonores.

9.1.3 Concernant le Visiteur Individuel

La culture nocturne animée de Singapour a quelque chose à offrir à tout le monde, que vous voyagiez seul et cherchiez à vous faire de nouveaux amis ou que vous souhaitiez simplement passer une soirée amusante seul. La ville offre aux visiteurs solitaires à la recherche de rencontres intéressantes et divertissantes, des bars sociaux aux tournées des pubs passionnantes en passant par des événements culturels distinctifs.

1. Pubs et bars sociaux :

-* **Molly Malone's :** Lieu de rencontre très apprécié des locaux et des visiteurs, ce bar irlandais est situé à Clarke Quay. Il est simple d'engager une discussion et de rencontrer de nouvelles personnes grâce à l'atmosphère accueillante et à la musique live.

-* **The Dempsey Cookhouse & tavern :** Cette taverne, située dans le quartier de Dempsey Hill, dispose d'un grand espace salon extérieur et d'une ambiance décontractée. Socialisez avec d'autres voyageurs solitaires ou locaux tout en savourant un délicieux repas et une boisson.

-* **The Singapura Club :** Situé dans le quartier chinois, ce pub-boutique historique dégage une ambiance conviviale et une clientèle variée. Participez à leurs soirées quiz ou à leurs événements thématiques ; ce sont d'excellents moyens de rencontrer de nouvelles personnes et d'établir des liens avec d'autres visiteurs.

2. Barres d'exploration :

-* **Visite du pub Klook :** Participez à une visite guidée des pubs dans les rues animées de Clarke Quay. Vous pouvez visiter plusieurs bars, profiter d'offres de boissons et socialiser dans un cadre sûr et confortable avec d'autres voyageurs célibataires en rejoignant notre visite guidée.

-* **Singapore Bar Crawl :** Profitez de cette tournée des bars pour découvrir les secrets les mieux gardés de la vie nocturne de Singapour. En chemin, rencontrez d'autres voyageurs, explorez divers quartiers culturels et visitez les bars locaux.

3. Expériences spécialisées :

-* **Voir un spectacle humoristique :** Des soirées humoristiques avec des comédiens locaux et étrangers sont souvent organisées au Comedy Club Asia à Clarke Quay. Amusez-vous, riez beaucoup et établissez des liens avec les gens grâce à la comédie.

-* **Chantez de tout votre cœur :** Dans un bar karaoké de Singapour, libérez la rock star qui sommeille en vous. Si vous faites de nouvelles connaissances, louez une chambre privée ensemble ou rejoignez une salle publique pour chanter vos chansons préférées avec d'autres voyageurs solitaires.

4. Activités qui conviennent aux solos :

-* **Profitez de la musique live :** Assistez à des concerts dans des bars, des pubs ou des lieux extérieurs pour vous immerger pleinement dans la culture musicale dynamique de la ville. De nombreux endroits offrent une ambiance accueillante et des sièges idéaux pour les personnes seules.

-* **Bars sur le toit avec vue :** Admirez une vue imprenable sur la ville depuis les bars sur le toit tels que CE La Vi et 1-Altitude. Même si celles-ci peuvent coûter plus cher que d'autres options, pensez à vous offrir un verre et à admirer la vue à couper le souffle, surtout pendant l'happy hour.

9.1.4 Chercheurs d'aventure

La vie nocturne de Singapour offre bien plus d'options que les simples sorties dans les bars et les clubs. À la tombée de la nuit, les voyageurs aventuriers à la recherche de rencontres uniques et d'activités palpitantes disposent d'une multitude de possibilités passionnantes. Singapour a beaucoup à offrir aux amateurs de sensations fortes de tous bords, depuis la recherche de bars cachés et la participation à des événements thématiques jusqu'aux excursions nocturnes et à l'exploration des dessous de la ville.

1. Joyaux cachés et barres spéciales :

-* **La Chambre du Dragon :** Voyagez dans le temps pour découvrir un bar clandestin secret qui se fait passer pour une pharmacie chinoise. Déchiffrez des codes, ouvrez des portes secrètes et explorez un univers inventif de boissons et d'ambiances.

-* **Opération Dagger :** Découvrez une idée de bar inédite avec un motif de la Seconde Guerre mondiale. Découvrez des passages cachés, déchiffrez des messages codés et savourez des cocktails d'inspiration historique préparés par des experts.

-* **Atlas Bar :** Bien qu'il s'agisse d'un bar clandestin par définition, ce lieu bien connu mérite d'être mentionné pour son design intérieur extravagant et son atmosphère distinctive. Découvrez leur vaste assortiment de plus de 1 000 gins et dégustez des boissons spécialement préparées par des barmen qualifiés.

2. Activités et événements à thème :

-* **Glow Night Rides :** Faites une excursion nocturne à vélo pour découvrir la ville. Observez des sites célèbres illuminés et obtenez un nouveau regard sur la ville.

-* **Singapore Night Safari :** Faites une visite passionnante du premier zoo nocturne de l'histoire. Observez les créatures nocturnes dans leur environnement d'origine et admirez les images et les sons distinctifs de la jungle la nuit.

-* **Ghost Tours :** Faites une visite guidée des fantômes pour en savoir plus sur les légendes effrayantes et les histoires secrètes de Singapour. Découvrez l'histoire fascinante et pédagogique de la ville en visitant des sites historiques.

3. Enquête sur le sous-sol de la ville :

-* **Tournée des bars souterrains :** Participez à une tournée des bars souterrains unique pour explorer les coins secrets de Singapour. Explorez des passages secrets, visitez les bars souterrains et découvrez la vie nocturne animée de la ville sous la surface.

-* **Centres de colporteurs la nuit :** Visitez un centre de colporteurs après la tombée de la nuit pour avoir un aperçu de la véritable âme de Singapour. Découvrez une grande variété de plats régionaux alléchants, imprégnez-vous de l'ambiance animée et mêlez-vous à des gens aimables.

9.1.5 Pour les familles en vacances

La scène nocturne animée de Singapour offre une multitude d'options familiales pour des soirées pleines de divertissement, de divertissement et de souvenirs, allant au-delà des simples clubs et bars. Les familles cherchant à passer du temps de qualité ensemble trouveront beaucoup à faire dans la ville, des événements interactifs et des concerts culturels aux superbes jeux de lumière et aux projections de films en plein air.

1. Action, caméra, lumières.

-* **Spectra : Spectacle de lumière et d'eau :** Marina Bay accueille chaque soir le passionnant spectacle Spectra, qui est un spectacle de lumières, d'eau et de musique. Un spectacle captivant adapté à tous les âges est créé par des fontaines éblouissantes et des projections laser.

-* **Jardins au bord de la baie la nuit :** Découvrez les célèbres jardins au bord de la baie après le coucher du soleil, lorsque des jeux de lumières colorées illuminent les Supertrees. Promenez-vous dans le Flower Dome ou dans la Cloud Forest et laissez-vous enchanter par les Supertrees dansants et les jardins illuminés.

-* **Films sous les étoiles :** Prenez une couverture de pique-nique et dirigez-vous vers un film gratuit en plein air sous le ciel agréable de Singapour. Des soirées cinéma en plein air sont organisées dans plusieurs endroits de la ville, offrant une soirée amusante et tranquille pour toute la famille.

2. Divertissement engageant et immersions culturelles :

-* **Singapour Night Safari :** Faites un voyage fascinant dans le premier zoo nocturne de l'histoire. Promenez-vous le long des sentiers ou empruntez des trajets en tramway spécialement conçus pour vous permettre de voir une grande variété d'animaux dans leur habitat naturel. Les familles vivront une expérience incroyable en voyant et en entendant la forêt nocturne prendre vie.

-* **Science Centre Singapore :** Visitez le Science Center Singapore pour vous immerger dans le domaine de la science et de la technologie. Découvrez de nombreux concepts scientifiques de manière divertissante et engageante en parcourant des expositions interactives et en participant à des activités.

-* **ArtScience MuseumTM :** Cet espace d'exposition fascinant allie art, science et technologie, et se trouve juste à côté de l'hôtel Marina Bay Sands. Participez à des ateliers créatifs, explorez des installations interactives et regardez des expositions stimulantes qui suscitent l'intérêt et l'imagination des personnes de tous âges.

3. Prendre du plaisir en ville :

-* **Croisière fluviale :** Naviguez le long de la rivière Singapour et profitez des vues pittoresques tandis que les célèbres monuments de la ville prennent vie sous le ciel nocturne. À bord, écoutez des commentaires en direct ou de la musique et découvrez l'histoire et l'évolution de la ville.

-* **Hawker Centers :** Dégustez une variété de cuisines régionales tout en profitant de l'ambiance animée du Hawker Center. Savourez des plats délicieux proposés par une variété de vendeurs, découvrez la culture distinctive et faites du dîner en famille un événement inoubliable.

5. Conseils adaptés aux familles :
-* **Organisez vos projets de soirée en fonction de l'âge et des intérêts de vos enfants.**

-* **Vérifiez les heures d'ouverture des attractions, car certaines peuvent avoir des heures crépusculaires.**

-* **Prenez des pauses et prévoyez des moments de détente lorsque vous êtes en ville.**

-* **Conscient des niveaux de bruit et faites preuve de considération envers les autres familles qui profitent de la vie nocturne.**

9.2 Activités basées sur l'aventure

Le monde vous appelle avec un arc-en-ciel d'expériences, et le besoin d'aventure est irrésistible pour l'amateur de sensations fortes qui sommeille en vous. Il existe une activité aventureuse qui attend de vous remonter le moral, que vous ayez envie du rafting en eaux vives, de la tranquillité d'une randonnée en montagne ou de l'excitation de vous aventurer en territoire inconnu. Ensemble, nous explorerons certaines des activités les plus excitantes qui attendent les individus audacieux. Explorons un univers de possibilités.

1. -* **Trekking :** Enfilez vos chaussures de randonnée et partez à l'aventure à travers des terrains époustouflants. Explorez les jungles luxuriantes du Costa Rica, parcourez les magnifiques sommets de l'Himalaya ou gravissez le chemin Inca jusqu'au Machu Picchu. Tout en repoussant les limites de votre endurance physique et mentale, admirez la beauté intacte de la nature.

2. -* **Rafting en eaux vives :** Découvrez la force de la nature de près en pagayant sur des vagues turbulentes et des rapides fulgurants. Que ce soit sur le fleuve Colorado dans le Grand Canyon ou sur le fleuve Zambèze en Afrique, le rafting en eaux vives offre aux familles et aux amis une expérience incroyable.

3. -* **Plongée sous-marine et snorkeling :** Plongez dans les profondeurs de l'océan et découvrez un monde regorgeant de récifs coralliens colorés, d'une grande

variété de vie marine et d'épaves inconnues. Découvrez l'environnement sous-marin fascinant de la mer Rouge, nagez avec de magnifiques raies manta aux Maldives ou explorez la grande barrière de corail d'Australie.

4. -* **Parachutisme :** Sautez d'un avion parfaitement décent pour le frisson d'adrénaline ultime. Pendant que vous plongez à des milliers de pieds, laissez le vent souffler dans vos cheveux, puis ouvrez votre parachute pour glisser vers la Terre. Admirez les vues panoramiques à couper le souffle et vivez une expérience vraiment mémorable qui revitalisera votre esprit d'exploration.

5. -* **Escalade :** Affrontez des falaises difficiles, affrontez vos angoisses et atteignez de nouveaux sommets. Il existe une aventure d'escalade pour tout le monde, quel que soit le niveau d'expérience. Développez vos capacités d'escalade dans une salle de sport intérieure ou affrontez de véritables formations rocheuses dans des environnements à couper le souffle, comme le parc national de Yosemite aux États-Unis.

6. -* **Saut à l'élastique :** Osez sauter et ressentez la sensation palpitante de flotter en apesanteur. Vivez l'excitation en sautant d'un pont, d'une plate-forme ou même d'une montgolfière, en tombant vers le sol et en atterrissant en toute sécurité. Bien que cette activité exaltante ne soit pas pour les âmes sensibles, le résultat est une course incroyable.

7. -* **Spéléologie :** Plongez dans des systèmes de grottes fascinants décorés de stalactites et de stalagmites pour découvrir les profondeurs cachées de la planète. Explorez des rivières souterraines, déterrez des pièces secrètes et résolvez les mystères de ces structures anciennes.

8. -* **Safaris Nature :** Partez à l'aventure à la rencontre d'animaux étonnants dans leur environnement. Faites un voyage en jeep à travers la savane africaine, observez de puissants tigres dans les forêts indiennes ou observez d'amusants pingouins en Antarctique. Ces rencontres laissent des souvenirs impérissables et offrent un point de vue distinctif sur le monde naturel.

9. -* **Kayak en eaux vives :** Mélangez l'excitation du kayak avec la difficulté du rafting en eaux vives. Vivez le frisson de naviguer dans des courants forts, de négocier des rapides difficiles et d'éviter les obstacles dans un seul kayak. Il faut de l'habileté, de la coordination et un esprit aventureux pour réaliser cet exercice.

10. -* **Sky Surfing :** Essayez le sky surfing pour une aventure aérienne ultime. Avec une planche spécialement conçue attachée à vos pieds, vous pouvez sauter d'un avion et ressentir l'envie de planer au-dessus du ciel comme un oiseau. Les avantages de ce passe-temps incluent une sensation inégalée de liberté et d'excitation, mais il nécessite également une instruction et une supervision adéquates.

N'oubliez jamais que votre sécurité passe avant tout lorsque vous participez à une activité aventureuse. Pour garantir une expérience sûre et agréable, une planification minutieuse, une formation appropriée et la sélection d'opérateurs fiables sont essentielles. Alors rassemblez vos affaires, acceptez l'inconnu et partez pour un voyage passionnant qui mettra à l'épreuve vos limites, vous laissera des souvenirs inestimables et vous donnera envie de plus.

10. CONSEILS PRATIQUES

10.1 Communication : accès Internet et cartes SIM

Une expérience de voyage fluide et agréable dépend de la connexion et de la capacité de naviguer dans un nouvel emplacement. En tant que centre mondial, Singapour dispose d'une infrastructure de communication de premier ordre et d'une gamme de solutions pour vous permettre de rester connecté pendant vos voyages. Cet article examine les différentes manières d'obtenir une carte SIM, d'utiliser Internet et de communiquer avec votre famille et vos amis restés à la maison.

1. **Données mobiles et cartes SIM :**

-* **Cartes SIM prépayées :** Les cartes SIM prépayées sont le choix le plus pratique pour les séjours transitoires. Ceux-ci sont facilement obtenus à l'arrivée à l'aéroport de Changi, dans les dépanneurs comme 7-Eleven et Cheers, et dans les vitrines des opérateurs mobiles tels que Singtel, StarHub et M1.

* **Sélection d'un forfait :** Tenez compte de la quantité de données que vous devrez utiliser et sélectionnez un forfait qui offre la bonne durée d'appel, l'allocation de données et les forfaits SMS (messages texte). Les cartes SIM touristiques avec une validité des données allant de quelques jours à un mois sont des choix populaires.

-* **Activation et Recharge :** Pour activer la carte SIM, selon les instructions figurant sur son emballage. La majorité des détaillants proposent des choix de recharge via des coupons, des passerelles Internet ou des applications mobiles, ce qui vous permet d'ajouter facilement des données supplémentaires ou du crédit d'appel selon vos besoins.

2. **Connectivité en ligne :**

- * **Wi-Fi gratuit :** Les aéroports, les centres commerciaux, les cafés et même certaines stations de MRT ne sont que quelques-uns des espaces publics de Singapour qui offrent une connexion Wi-Fi gratuite. Cependant, surtout dans les zones peuplées, la vitesse et la fiabilité de ces connexions peuvent être limitées.

- * **Wi-Fi portable :** La location d'un gadget Wi-Fi portable permet une connexion Internet mobile fiable et sécurisée. Pour ceux qui voyagent fréquemment et ont besoin d'une connectivité fiable à tout moment, c'est le meilleur choix. Néanmoins, par rapport à l'achat d'une carte SIM, cela peut coûter plus cher.

- * **Bibliothèques publiques :** Des bornes Internet et une connexion Wi-Fi gratuite sont disponibles pour un usage public dans les bibliothèques publiques de Singapour. Pour un accès Internet peu fréquent ou un rattrapage de courrier électronique, cela peut être une excellente alternative.

3. **Rester en contact :**

-* **Applications de messagerie :** Pour rester en contact avec vos proches restés chez vous, choisissez des services de messagerie bien connus comme WhatsApp, WeChat ou Telegram. Ces applications constituent un moyen de communication abordable car elles fournissent gratuitement des messages texte et vocaux via les données mobiles ou le Wi-Fi.

-* **Appels internationaux :** Si vous devez passer des appels internationaux, renseignez-vous sur le coût de l'itinérance internationale auprès de votre fournisseur de téléphonie mobile d'origine. Ces frais peuvent s'additionner. Comme alternative, pensez à utiliser des applications d'appel comme Viber ou Skype pour passer des appels en utilisant les données mobiles ou le Wi-Fi à des prix éventuellement moins chers.

4. **Points supplémentaires à retenir :**
-* **Téléphone déverrouillé :** Pour utiliser une carte SIM locale à Singapour, assurez-vous que votre

téléphone est déverrouillé. Dans la plupart des cas, les téléphones modernes sont déverrouillés, mais si vous n'êtes pas sûr, appelez votre opérateur de téléphonie mobile local.

-* **Téléphones à double SIM :** Si votre téléphone prend en charge la double SIM, vous souhaiterez peut-être acheter une carte SIM locale à Singapour et conserver la carte SIM de votre domicile. Cela vous permet d'utiliser la carte SIM locale pour les données et les communications locales et de recevoir des appels et des messages sur votre numéro personnel.

-* **Méfiez-vous des frais d'itinérance de données :** Gardez un œil sur les frais d'itinérance de données potentiellement coûteux sur votre carte SIM personnelle. Si vous n'utilisez pas l'itinérance des données, désactivez-la et utilisez uniquement le Wi-Fi ou une carte SIM locale pour accéder à Internet.

10.2 Télécharger les cartes hors ligne de Singapour

Les nombreux quartiers piétonniers de Singapour et son réseau de transports publics efficace facilitent l'exploration de la ville. Mais dépendre uniquement des cartes Internet peut s'avérer fastidieux, en particulier en cas de manque de connectivité Internet ou si vous êtes préoccupé par l'utilisation des données. Avant vos vacances, le téléchargement de cartes hors ligne peut vous aider à rester concentré et à naviguer en toute confiance même en l'absence de connexion Internet.

1. Choix populaires pour la cartographie hors ligne :
-* **Google Maps :** Grâce à sa capacité sophistiquée de cartographie hors ligne, Google Maps est un choix populaire parmi les voyageurs. Recherchez simplement l'emplacement précis que vous souhaitez télécharger tout en utilisant une connexion Internet pour parcourir la carte, puis cliquez sur le bouton « Télécharger ». Cela génère une carte hors ligne complexe de la région sélectionnée, permettant la navigation GPS, les

recherches de points d'intérêt et l'affichage d'informations de base même lorsque vous n'êtes pas connecté.

-* **Maps.me :** Téléchargez des villes entières ou certaines régions pour une utilisation hors ligne avec cet outil facile à utiliser. Sans nécessiter de connexion Internet, il fournit des cartes complètes, des instructions détaillées et des informations sur les attractions locales.

-* **ICI WeGo :** Avec des cartes téléchargeables pour de nombreux pays et régions, dont Singapour, ce logiciel est réputé pour sa navigation hors ligne fiable. Il s'agit d'un outil utile pour l'exploration hors ligne car il fournit une navigation étape par étape guidée par la voix, des informations sur le trafic (qui peuvent parfois nécessiter un accès à Internet) et des informations sur les zones d'intérêt.

2. **Utiliser Maps hors ligne :**
-* **Fonctionnalité GPS :** Pour profiter des fonctionnalités basées sur la localisation sur les cartes

hors ligne, assurez-vous que le GPS de votre appareil est activé. Cela permet au logiciel de suivre vos mouvements même en l'absence de connexion Internet et d'afficher votre position sur une carte.

-* **Fonctionnalité limitée :** Sachez que certains aspects des cartes en ligne, tels que les horaires des transports en commun ou les mises à jour du trafic en temps réel, peuvent ne pas être accessibles en mode hors ligne. Néanmoins, les fonctionnalités fondamentales telles que la recherche, les zones d'intérêt et la navigation devraient continuer à fonctionner parfaitement.

-* **Sources alternatives :** En cas d'urgence, pensez à emporter une carte imprimée du centre-ville ou des quartiers particuliers que vous souhaitez visiter régulièrement. Lorsque votre appareil fonctionne mal ou que la batterie de votre téléphone est faible, cela peut être utile.

Quelle que soit votre connexion Internet, vous pouvez explorer Singapour en toute confiance en téléchargeant des cartes hors ligne et en les utilisant. Cela garantit une expérience d'exploration fluide et sans tracas, vous permettant de vous concentrer sur la création d'expériences précieuses dans la Cité du Lion.

Printed in France by Amazon
Brétigny-sur-Orge, FR

20161395R00117